Juristisches Colloquium
Eine Sammlung von Fragen und Fällen
zum Gebrauch
in Besprechungen, Übungen, Repetitorien
I

# Deutsches Reichs- und Landesstaatsrecht

bearbeitet von

Dr. Albert Hensel
Professor des öffentlichen Rechts
an der Albertus-Universität
Königsberg i. Pr.



Springer-Verlag Berlin Heidelberg GmbH 1931

ISBN 978-3-642-93994-5 ISBN 978-3-642-94394-2 (eBook)
DOI 10.1007/978-3-642-94394-2

Von anderen Fallsammlungen unterscheidet sich dies Buch durch seinen Zweck: Es will anregen, das gesamte Kerngebiet des deutschen Staatsrechts an Hand von Fällen und Fragen im Zusammenhang durchzudenken, nicht einzelne besonders schwierige Probleme in vertiefter wissenschaftlicher Arbeit zu untersuchen. Der Student empfindet eine Lücke zwischen systematischer Vorlesung und den — Einzelproblemen gewidmeten — Übungsstunden. Hier eine Brücke zu schlagen, deren Pfeiler freilich der Studierende in eigener geistiger Arbeit errichten muß, habe ich mir zum Ziel gesetzt.

Der Student selbst soll das Buch benutzen bei der Vorbereitung für die Besprechungsstunde, für das Repetitorium, zur Ferienarbeit, zur letzten Examensschulung. Verfasser und Verlag legten Wert darauf, den Preis so gering wie möglich zu bemessen; das bedingte starke Beschränkung des Umfanges, Verzicht auf Vollständigkeit zugunsten möglichster Vertiefung in den Kernfragen und Kerngebieten. — Vorschläge und Anregungen zur Verbesserung dieses pädagogischen Versuches werden mir stets willkommen sein.

Mein Assistent, Herr Referendar Gustav Giere, hat mir bei der Zusammenstellung des Stoffes wertvolle Hilfe geleistet; ihm hierfür zu danken, ist mir aufrichtiges Bedürfnis.

Königsberg (Pr.), den 12. Oktober 1931.
Oberteichufer 10a.

**Dr. Albert Hensel.**

# Inhaltsverzeichnis.

# Vom Studium des Staatsrechts.

Die Mißerfolge, welche das öffentliche Recht im Referendarexamen zu verzeichnen hat, sind unleugbar. Im Durchschnitt wird unter den schriftlichen Leistungen allenfalls eine polizeirechtliche Klausur leidlich zufriedenstellend gelöst, wenn die Fallentscheidung nicht von dem herkömmlichen Schema abzuweichen braucht, das durch offiziellen und apokryphen Lehrbetrieb dem Kandidaten als öffentlich-rechtliches Existenzminimum dient. Im Mündlichen ist selbst bei dem besseren Durchschnitt der Kandidaten Verständnislosigkeit gegenüber sogenannten „Verständnisfragen" die Regel. Will man sich nicht dazu entschließen, eine übermäßig große Zahl von Prüflingen scheitern zu lassen, so muß man zwangsläufig seine Anforderungen auf das niedrigste Niveau des Stoffwissens (nicht einmal der Stoffbeherrschung) herunterschrauben. Wollte man ehrlich sein, so müßte man meist bescheinigen, daß der Kandidat vieles, was zu wissen notwendig war, nicht gewußt habe, manches, dessen Aneignung überflüssig erscheint, überraschend gut zu reproduzieren verstand.

Mangelnder Fleiß ist für den Mißerfolg heute nicht mehr verantwortlich. Im Gegenteil ist es bedauerlich, wie wenig der Erfolg den oft großen Anstrengungen entspricht, welche die weitaus größere Mehrzahl heute macht, um sich in Kolleg, Besprechung und Übung den vorgetragenen Rechtsstoff anzueignen. Der unausbleibliche Kampf ums Dasein in den geistigen Berufen zwingt heute fast jeden, schon zu Beginn des Studiums so intensiv wie möglich zu arbeiten. Nach meinen Erfahrungen ist der juristische Bummelstudent (von dem auch anläßlich der Studienreform zuviel gesprochen wird) ein Typus der Vergangenheit.

Ebensowenig kann das öffentliche Recht über mangelndes Interesse bei den Studierenden klagen. Mag ein großer Teil der Studenten dem heutigen Staat, seiner Verfassung und seiner

Verwaltung innerlich fremd gegenüberstehen, einen ehrlichen Verstehens- (nicht Verständnis-) Willen wird er auch dem heutigen Staatsrecht entgegenbringen. Die Erkenntnis wächst, daß jede Zukunft sinnvoll nur aus der Gegenwart gestaltet werden kann; schon dies (und nicht ausschließlich das Examen) bedeutet eine starke Triebfeder, sich auch in die tieferen Zusammenhänge des öffentlichen Rechts hineinzuarbeiten.

Die äußeren Voraussetzungen für ein wirklich erfolgreiches öffentlich-rechtliches Studium sind nach meiner Überzeugung bei der Mehrzahl der Studenten gegeben. Woran liegt es, daß die erfreulichen Folgen an sich günstiger Voraussetzungen oft ausbleiben? Meines Erachtens verlangt die Eigenart des öffentlichen Rechts eine grundlegend andere Arbeits*methode*, als sie die Aneignung vieler sonstiger Rechtsgebiete zur Voraussetzung hat. Schon beim Nacharbeiten der großen systematischen Vorlesungen wird sich der Student zweckmäßig anders verhalten. Wer sich bemüht das Vorgetragene „auszuarbeiten“, indem er mehr oder weniger wortgetreu die Vorlesung selbst wiedergibt, wird meist scheitern. Die Studienreform hat eine so starke Verkürzung der Vorlesungsstunden gebracht, daß der Dozent im Kolleg nur das vorzutragen in der Lage ist, was der Student nicht selbst geistig erwerben kann. Jedes Mitarbeiten in einer öffentlich-rechtlichen Vorlesung setzt also die *selbständige* Aneignung eines im Vergleich zu anderen Rechtsgebieten außerordentlich großen Stoffes voraus. Den Inhalt der Gesetzestexte, das Material zum Unterbau für Verfassung und Verwaltung muß der Student durch eigene Kraft zu seinem geistigen Eigentum machen.

Zu diesem Zweck erscheint es mir technisch erwünscht, ja geboten zu sein, das Kollegheft durch eine ständig während des ganzen Studiums fortgeführte *Kartothek* zu ersetzen. Man notiere sich in jeder Stunde ein halbes Dutzend Stichworte, um die man jeweils seine Kartei fortzuführen hat. Gewöhnt man sich daran, bei der Ausarbeitung der Karten eigene Gedankenarbeit zugrunde zu legen und diese dann an Hand gedruckter Hilfsmittel zu ergänzen (Abschreiben aus Gesetzestexten, Leitfäden und Kommentaren ist völlig sinnlos), so wird man den ersten Schritt zu einem erfolgreichen Studium des öffentlichen Rechts getan haben.

Die Rohstoffeinfuhr muß im öffentlichen Recht der geistigen

Privatwirtschaft der Studierenden zum großen Teil überlassen bleiben.

Dabei öffnet sich von selbst der Blick dafür, daß sachgemäßes Studium eine „Kunst des Fortlassens" ist. Auf den meisten Gebieten unseres engeren Faches ist die *Grundstruktur* gegenüber dem Gesamtstoff das weitaus Wichtigere. Die stärkste Aufmerksamkeit beanspruchen nicht die Einzelheiten des weitschichtigen Gesetzesgebietes, sondern die nicht offen zutage liegenden Zusammenhänge. Gerade die Vorlesung über Staatsrecht soll den Studierenden dahin bringen (und dieses Ziel darf er auch bei seinen eigenen Studien nie außer acht lassen), den Staat als eine funktionelle Einheit zu erkennen, als ein Bindeglied gesetzlicher Zusammenhänge, als die Zusammenfassung von Vergangenheit, Gegenwart und Zukunft. Stets gilt es, hinter der äußeren Rechtsinstitution die Rechtsidee zu erkennen; wer öffentlich-rechtliche Gesetze auslegen will, muß den einem jeden innewohnenden Zweckgedanken treffsicher zu erfassen verstehen. Gerade unter dem Zwang des Zeitmangels wird das jedem Gebiete immanente Telos in der Vorlesung stark hervortreten.

Gegenüber den übrigen Rechtsgebieten muß das öffentliche Recht sein Schwergewicht weit stärker auf die *Grundbegriffe* verlegen. Die Wandelbarkeit des Verfassungsrechts nach der unvorhersehbaren Zukunftssituation macht es um so dringlicher, einerseits die Grundstruktur der staatsrechtlichen Einrichtungen mit voller Schärfe zu erfassen, andererseits aber deren Anpassungsfähigkeit an die wechselnden Anforderungen des Augenblicks hervortreten zu lassen. Selbst bei grundlegenden Fragen des öffentlichen Rechts kann man nicht darauf rechnen, die Lösung in Kommentaren und Entscheidungssammlungen bereitgehalten zu finden; wer mit dem öffentlichen Rechte arbeiten will, muß sich daran gewöhnen (und seine Arbeitsmethoden danach einrichten), sich auf sich selbst zu verlassen, seinen Geist zur Bewältigung ständig neuer und ständig wachsender Aufgaben zu schulen.

Die *öffentlich-rechtliche Übung* (selbst wenn sie — geteilt in Übungen für Anfänger und für Vorgerückte — verdoppelt werden sollte) kann diese Schulung nur zum Teil leisten. Ihre Aufgabe ist und bleibt es, eine engbegrenzte Anzahl öffentlich-rechtlicher Probleme mit möglichster Vertiefung zu behandeln. Wer glaubt, sich an Hand jenes Dutzend von Übungsfällen in das öffentliche

Recht einarbeiten zu können, befindet sich in einem grundlegenden Irrtum.

Es besteht also eine pädagogische Lücke zwischen dem, was die Vorlesung und dem, was die Übung bestenfalls leisten kann. Verstehe ich den Grundgedanken der juristischen Studienreform richtig (und trotz aller Bedenken, die gegen sie vorgebracht worden sind, wird man zum mindesten versuchen müssen, ihren im Kern berechtigten Gedanken zu folgen), so soll diese Lücke durch die mit den Vorlesungen verbundenen *Besprechungsstunden* und durch selbständige *Repetitorien* ausgefüllt werden. Schon der Umstand, daß diese Studiumsergänzungen zu einem großen Teil durch pädagogisch nicht voll geschulte Kräfte geleitet werden müssen, läßt es berechtigt erscheinen zu fragen: *was* kann durch Besprechungsstunden und Repetitorien erreicht werden? *Wie* ist es zu erreichen? Soll die systematische Vorlesung den Studenten zu *eigener Arbeit* anregen, so wird die parallel der Vorlesung laufende Besprechungsstunde dem Studenten eine Kontrolle darüber geben müssen, ob er bei seiner Arbeit den richtigen Weg eingeschlagen, eine technisch richtige Methode angewandt hat. Das bedeutet: dem Vorlesungshörer müssen jeweils begrenzte und erfüllbare Aufgaben gestellt werden; ihre Lösung ist in der Besprechungsstunde so zu gestalten, daß sie im wesentlichen eine Selbstkontrolle des mitarbeitenden Teils der Hörerschaft zum Ziele hat.

Dazu aber ist notwendig, den Studierenden immer wieder auf die Frage zu führen: *Worauf kommt es an?* Die hier vorgelegte Sammlung von Fällen und Fragen versucht dieses Grundproblem jeder geistigen Arbeit in den Mittelpunkt zu stellen. Ihre Benutzung ist nur dann sinnvoll, wenn in jedem Falle zum mindesten der Versuch gemacht wird, die Antwort durch eigenes Nachdenken zu finden. Jede falsche Eigenlösung ist wertvoller als das durch Benutzung sonstiger Hilfsmittel gefundene Ergebnis; selbstverständlich bleibt die dauernde Kontrolle der Eigenresultate unter weitgehender Benutzung des Schrifttums.

Um letzteres zu vereinfachen, bin ich im Aufbau und zum Teil auch in der Einzelgestaltung dem zur Zeit wohl repräsentativen systematischen Werke, dem Handbuch des Deutschen Staatsrechts, herausgegeben von ANSCHÜTZ und THOMA, gefolgt. Das ermöglichte gleichzeitig den fast vollständigen Verzicht auf

Literaturangaben; denn auch bei der Literaturbenutzung gilt, daß Eigenarbeit wertvoller ist, als müheloser Hinweis.

Zahlreicher sind die Zitate aus der *Rechtsprechung* der obersten Gerichte, insbesondere des Staatsgerichtshofs. Gerade hier gilt es mit der Gewohnheit zu brechen, in der Regel aus Quellen zweiter Hand zu schöpfen. Angesichts der Bedeutung, welche einzelne Entscheidungen des Staatsgerichtshofs für das Deutsche Reich, des Reichsgerichts und des Preußischen Oberverwaltungsgerichts für die Grundlagen des heutigen Staates beanspruchen dürfen, ist unbedingt zu fordern, daß der Student sie im „Urtext" liest, sich die Tatbestände (und nicht nur die oft wenig zutreffend geformten Leitsätze) geistig zu eigen macht, den Gedankengang der Entscheidungsgründe selbständig wiederzugeben vermag und allmählich auch zu einer *kritischen* Beurteilung der Rechtsprechung erzogen wird.

Pädagogisch besonders wertvoll scheint mir für das öffentlichrechtliche, insbesondere das staatsrechtliche Studium der *Vergleich* zu sein. Wer einmal vergleichend die Grundorganisation des Reiches, Preußens und etwa eines kleineren Landes einander gegenübergestellt hat, wird mehr Staatsrecht gelernt haben, als wenn er in der doppelten Zeit sich nacheinander die Einzelheiten dreier Verfassungstexte eingeprägt hat. Wer an Hand der Gesetzestexte Reichsbahn, Reichsbank und Reichspost miteinander verglichen hat, kennt das Recht der öffentlichen Anstalt wahrscheinlich besser, als wenn er eine Monographie über diese Materie ohne Verständnis durchgearbeitet hat.

Noch wichtiger vielleicht ist der Vergleich zwischen Vergangenheit und Gegenwart. Die Verfassung der Paulskirche, die BISMARCKsche Reichsverfassung, die Preußische Verfassungsurkunde von 1850 werden bislang vielleicht einmal in complexu von den Studenten gelesen; gewöhnlich werden sie danach für den Rest des Studiums geistig ad acta gelegt. Sie müssen täglich und bei jedem Einzelabschnitt benutzt werden; erst auf dem Hintergrunde des Geschichtlichen wird die Gegenwart plastisch und sinnvoll. Wer sein Erkenntnisvermögen für die Zusammenhänge von Vergangenheit und Gegenwart geschärft hat (aber auch für die Gegensätze zwischen ihnen!), wird vielleicht auch in der Lage sein, die Entwicklungslinien in ihrem voraussichtlichen zukünftigen Verlauf zu verfolgen. Ich halte es im Staatsrecht nicht für überflüssig (und auch nicht für zu schwierig), dem Lernenden Reformprobleme zu selbständigem Durchdenken und skizzenhaftem Gestalten vorzulegen.

So glaubte ich auch an vielen Stellen zu einem Vergleich des Deutschen Rechts mit Rechtseinrichtungen des *Auslands* auffordern zu sollen. Auch hier halte ich es für zweckmäßig, die Verfassungstexte des Auslandes zunächst in deutschen Übersetzungen zu benutzen. Wer sich für diese Seite des Staatsrechts interessiert, wird ohnedies binnen kurzem von selbst zu dem fremdsprachigen Text greifen; er wird von hier aus eindringen in den politischen Gestaltungswillen anderer Nationen; die ausländische Verfassung wird für ihn Grundstein der politischen Ideen des Auslands ebenso werden, wie es das deutsche Verfassungsrecht für seinen eigenen Staat sein soll.

Von hier aus gesehen ist unumgänglich der Vergleich des geltenden Staats*rechts* mit den politischen Ideen der Staats*philosophie*. Man wird es heute schwerlich mehr von einem Studenten erwarten dürfen, daß er etwa den ganzen „Esprit des lois" MONTESQUIEUS selbständig durcharbeitet; derselbe Student aber, der vor einer solchen Aufgabe von vornherein zurückschrecken würde, wird überrascht sein, wenn er etwa an Hand des bekannten sechsten Kapitels des elften Buches dieses Werkes die Grundlagen des klassischen Rechtsstaatsgedankens in kurzer Zeit sich anzueignen strebt, wie gegenwartsnahe die „Klassiker" sein können.

Sicher ist es keine geringe Aufgabe, welche die nachstehende Fall- und Fragensammlung dem Studenten stellt. Ich bin auf den Einwand gefaßt, daß ein großer Teil der gestellten Fragen in Form von Monographien behandelt werden müßte. Derartiges von einem Durchschnittsstudenten zu verlangen, liegt mir völlig fern.

Wer die gestellte Aufgabe in etwa zwei Semestern (Kolleg mit Besprechungsstunde, Repetitorium) und mit starker Zuhilfenahme der Ferienarbeitszeit bewältigen will, wird die einzelne Frage oftmals nur einer vorläufigen Lösung entgegenführen können. Ich halte es nicht für einen Fehler, gerade dem interessierten Studenten immer wieder klarzumachen, wie eng die Grenzen der Erkenntnis in unserem Gebiete gezogen sind. Ihn auf die tieferen Zusammenhänge des Staatsrechts auch im Repetitorium hinzuweisen, ihn zum selbständigen Durchdenken der Grundfragen immer erneut anzuregen, erscheint mir dagegen als die wichtigste pädagogische Aufgabe, die uns die Gegenwart stellt. Nur dann wird sich das Urteil über die Ziele der Studienreform als im guten Sinn unrichtig erweisen, das jüngst in Kollegenkreisen gefällt wurde: Es wird zuviel repetiert, zu wenig studiert.

Eine Selbstverständlichkeit brauche ich zum Schluß wohl kaum zu erwähnen: eine solche Fall- und Fragensammlung kann nichts anderes sein, als das Sprungbrett zu eigenem Weiterarbeiten. Schon stofflich beschränken sich die Kapitel auf die Kernmaterien des Staatsrechts; sogenannte Nebengebiete wird der Student sich selbst geistig aneignen können. Der beste Erfolg der Sammlung wäre die Erkenntnis für den, der sie benutzt hat: das Buch ist für mich in Zukunft überflüssig. Wer das Alphabet gelernt hat, soll lesen können. Immerhin glaube ich (und dieser Optimismus ist während meiner Lehrtätigkeit noch nicht enttäuscht worden), daß es besser ist, mit Hilfe einer selbsterarbeiteten Grammatik lesen zu können, als für Examenszwecke über ein stotternd vorgebrachtes ABC zu verfügen. Wer einen Stoff beherrscht oder wer auch nur die Grundzusammenhänge eines Gebietes klar sieht, wird sich frei machen können von jener Angst vor dem Tage, an dem er examensmäßig Rechenschaft ablegen soll. Die Examenspsychose ist heute — und gerade im öffentlichen Recht — das stärkste Hindernis für ein vergeistigtes Studium; sie zu beseitigen dient gleichzeitig dazu, den Studenten nicht nur in die Hörsäle, sondern auch in die universitas literarum zurückzuführen.

# Geschichte des Deutschen Staatsrechts.

Welche *Staatsgrundgesetze* (Verfassungen) Deutschlands sind aus der Periode 1815—1919 zu nennen?

Welche von ihnen sind „geltendes Recht“ geworden?

Was bedeutet das Versprechen „*landständischer Verfassungen*“ in der Deutschen Bundesakte? Wo (und wie) ist dies Versprechen eingehalten worden, wo nicht? Wie ist es zu erklären, daß die beiden Großmächte im Deutschen Bunde erst um die Mitte des 19. Jahrhunderts Verfassungen erhielten?

Welche „*forma civitatis*“ hatte der Deutsche Bund? Welches sind ihre politischen Hintergründe? Welche Bedeutung hatte der Ausdruck „Bundesgesetz“ unter der Herrschaft des Deutschen Bundes?

In welchen Entwicklungsabschnitten entstand die „*Verfassung der Paulskirche*“? In welchen Hauptpunkten weicht die „*Erfurter Unionsverfassung*“ von ihr ab? An welchen politischen Schwierigkeiten scheiterten beide?

Welche staatsrechtliche (und staatstheoretische) Bedeutung hat der *Budgetkonflikt* BISMARCKS? (Nachlesen BISMARCK, Ged. u. Er. I, Kap. 11ff.) Durch welche Ereignisse ist er politisch überwunden, durch welche Akte rechtlich „beigelegt“ worden?

Wie vollzog sich die Gründung des *Norddeutschen Bundes*? Wie die des *Deutschen Reiches?*

Aus BISMARCK, Ged. u. Er. Kap. 23: „Bei den ersten Erörterungen (über den Kaisertitel) sagte er (der König): ‚Was soll mir der Charaktermajor?‘ worauf ich erwiderte: ‚Ew. Majestät wollen doch nicht ewig ein Neutrum bleiben‘.“ Die Stelle ist staatsrechtlich zu erklären. Wie verlief die spätere Entwicklung bis 1888? bis 1918?

Im *Sommer und Herbst 1918* hoffte man die Staatsform der BISMARCKschen RV. durch einen Um- und Ausbau erhalten zu können. Welche Punkte berührten die Verf.-Reformgesetze aus dieser Zeit? Inwiefern widersprachen sie „BISMARCKS *Erbe in der Reichsverfassung*“?

Was ist als Staatsgrundgesetz in der *verfassungslosen Zeit* vom 9. November 1918 bis zum 11. August 1919 anzusehen? Welche politischen Entscheidungen fällte die *Revolution von* 1918, welche Entscheidungen traf das deutsche Volk durch die Wahl zur *Nationalversammlung?*

In welchen Entwicklungsstufen vollzog sich die *Entstehung der Weimarer Verfassung*?

Gelegentlich ist die Gültigkeit der Weimarer Verfassung deshalb angezweifelt worden, weil sie nicht von den deutschen *Freistaaten* angenommen worden sei. Mit Recht? Welchen Einfluß hatten die früheren Bundesstaaten auf das Verfassungswerk von Weimar? In welchen Richtungen haben sie Erfolge erzielt? Ist aus § 4 des Gesetzes über die vorläufige Reichsgewalt ein Bedenken gegen die Gültigkeit der RV. (oder einzelner ihrer Bestimmungen) herzuleiten?

# Überblick über das geltende Verfassungsrecht.

In der neueren deutschen Staatsrechtsliteratur wird die Meinung vertreten (von wem?), einige Bestimmungen der RV. könnten nicht einmal im Wege eines verfassungsändernden Gesetzes abgeändert oder beseitigt werden. Von den Gegnern dieser Lehre wird der Vorwurf erhoben, die einzelnen Bestimmungen seien nicht klar aufgeführt, welche diese Lehre der „*Unantastbarkeit*“ unterstellen wollte. Welche Grundentscheidungen der RV. würden von den Vertretern der Unantastbarkeitslehre aufgezählt werden?

Ein Verlag will zum akademischen Gebrauch eine Textausgabe der RV. und der preußischen Verfassung herausbringen, in der die einzelnen Verf.-Artikel *Stichwortüberschriften* tragen sollen. Welche wären in Vorschlag zu bringen?

Der Bund zur Erneuerung des Reiches setzt eine Redaktionskommission ein, die *systematische Unstimmigkeiten*, insbesondere im Verhältnis des 1. und 2. Teils der RV., aber auch zwischen den einzelnen Abschnitten des 1. und 2. Teils bereinigen, die Gruppierung des (unverändert zu lassenden) Gesetzestextes durchsichtiger gestalten soll. Welche Vorschläge wären zu machen?

In welchen entscheidenden Punkten ist der Staatsaufbau der BISMARCKschen RV. durch die *Weimarer RV.* umgestaltet worden?

Welche politischen Bestrebungen sind in dem Worte „*Reichsreform*“ zusammengefaßt? Man versuche an Hand der Beschlüsse der Länderkonferenz ein Programm der Reichsreform zu entwickeln, dieses kurz zu erläutern und einen Gesetzesentwurf zur Durchführung aufzustellen.

Die Universitätsbibliothek will auf Wunsch der Studierenden in ihrer *Handbücherei* diejenigen *staatsrechtlichen Werke* zum täglichen Gebrauch aufstellen, welche zum Mitarbeiten in Vorlesung, Besprechung und Repetitorium unentbehrlich (zum mindesten erwünscht) sind. Sie bittet um Vorschläge in übersichtlicher Zusammenstellung mit kurzer Begründung.

# Reich und Länder.

## System der bundesstaatlichen Beziehungen.

Wodurch unterscheidet sich der *Bundesstaat* vom *Einheitsstaat*, vom *Staatenbund*, vom *Staatenstaat*?

In welcher Weise kann in der Verfassung eines demokratisch-konstitutionellen Einheitsstaates eine *Berücksichtigung der regionalen Interessen* erfolgen (Beispiel: Frankreich)?

Welche Nationen haben die Gliederungsform „Bundesstaat" zum Ausdruck ihrer politischen Eigenart gewählt? Welche Gründe sprachen für diese Form in den *Vereinigten Staaten* von Amerika, der *Schweiz*, dem *Deutschen Reiche* 1867/71, den bundesstaatlich gegliederten *britischen Dominions*?

Können das *britische Weltreich*, die *U. d. S. S. R.*, *Deutsch-Österreich*, der *Völkerbund*, *Preußen* als Bundesstaaten bezeichnet werden?

Welche Rolle spielten der Bundesrat und die deutschen Dynastien für den Reichszusammenhang im Kaiserreich? (Vgl. dazu BISMARCK, Ged. u. Er. I, 13, das berühmte Kapitel über den Föderalismus.)

Für die „*Vereinigten Staaten von Europa*" ist eine Verfassungsskizze zu entwerfen.

In welchen Hauptpunkten wich der bundesstaatliche Aufbau der BISMARCKschen RV. von dem herkömmlichen Typus des Bundesstaates ab?

Mit welchem Recht bezeichnet man das *heutige* Deutschland als Bundesstaat? Was spricht für die Bezeichnung „*dezentralisierter Einheitsstaat*"? Welche Merkmale der

*„Staatlichkeit“* (der *„Souveränität“*?) zeigen die deutschen Länder nach der RV.?

Würde das Deutsche Reich nach Durchführung der *Reichsreform* (entsprechend den Beschlüssen der Länderkonferenz) noch als Bundesstaat bezeichnet werden können?

Wie sind folgende *Grundbegriffe* des deutschen Bundesstaatsrechts zu definieren: *Gesetzgebung* (ausschließliche, konkurrierende, Bedarfs-, Grundsatz-G.); *Kompetenz-Kompetenz*; *Finanzausgleich*; bundesstaatliche *Rangordnung* der Rechtsquellen; *Reichsaufsicht*; *Reichsexekution*; *Homogenitätsgesetz*; *Neugliederung*; *bundesstaatlicher Rechtsschutz.*

In welchem Art. der RV. finden wir eine Regelung der hier angedeuteten Grundprobleme des Bundesstaates?

Man behauptet gelegentlich, in einem gut geordneten Bundesstaat müsse eine *innere Beziehung zwischen Kompetenzverteilung* einerseits, *Einfluß der Gliedstaaten* (Länder) auf die Bildung des Reichswillens andererseits bestehen; je unitarischer die Kompetenzverteilung, um so föderalistischer der Willenseinfluß. Wie steht die Bismarcksche, wie die Weimarer RV. zu diesem Grundsatz? Welches sind die kritischen Einzelpunkte in beiden Verfassungswerken?

Was verstand man unter der Bismarckschen RV unter *Reservatrechten*? Wie waren sie gegen Abänderung geschützt? Finden sich Spuren solcher Reservatrechte noch im heutigen Deutschen Reiche? (Vgl. dazu die „Biersteuerentscheidung“ des StGH.; Lammers-Simons I, A I 19 RGZ. 122 Anh. S. 18; ferner § 4 des Staatsvertrags zwischen dem Reiche und Bayern vom 29./31. März 1920 — Anl. z. Ges. vom 27. April 1920 zur Ausf. d. Art. 170 RV.)

Zur Durchführung von § 188 RAbgO. (Beistandspflicht der Behörden) schließt das Reich mit einer Anzahl von Ländern *Verträge* ab, durch die Verpflichtungen der Landesbehörden im einzelnen umschrieben, Vergütungen des Reiches für besonders umfangreiche Hilfeleistungen der Landesbehörden festgelegt werden. Ist das nach der RV. zulässig? Welchen Charakter haben diese

Verträge? Nach welchen Grundsätzen sind sie auszulegen? In dem Lande X erklärt nach einem Regierungswechsel die neue Regierung, sie halte sich an den — von ihrer Vorgängerin abgeschlossenen — Vertrag nicht mehr gebunden. Ist das zulässig? Könnte durch Landesgesetz der Vertrag aufgelöst werden? Könnte das Reich durch einseitige Regierungserklärung oder durch Reichsgesetz von dem Vertrage loskommen?

Welche allgemeinen Rechtssätze ergeben die Urteile des StGH. (L.-S. I S. 176—253) über das *Verhältnis der Länder untereinander*? (Vgl. insbes. die Fälle „Donauversinkung", „Clausula", „Fischerkrieg in der Lübecker Bucht".)

Welche Bestimmungen der RV. (außer Art. 6—12) enthalten *Zuständigkeitsregelungen*? In welchen Bestimmungen (außer Art. 17) sind Bestimmungen über *Verfassungsrecht der Länder* enthalten? An welchen entscheidenden Punkten der Kompetenz- und Homogenitätsregelung geht die Weimarer Verf. über die BISMARCKsche hinaus?

Das Reich will Heidelberg zur Reichsuniversität machen (in Weimar eine solche errichten); ist ein einfaches Reichsgesetz dazu erforderlich und ausreichend? Muß Baden (Thüringen) zustimmen?

Kann durch einfaches Reichsgesetz der 11. August zum Nationalfeiertag erklärt werden?

Das Reich will die von den Ländern geleistete Verwaltungshilfe (Art. 14) auf einigen Verwaltungsgebieten durch *Reichsauftragsverwaltung* ersetzen. Bedarf es dazu eines verfassungsändernden Gesetzes? Wo liegt der sachliche und rechtspolitische Unterschied zwischen beiden Grundsätzen? Welcher Zweig der Länderverwaltung ist in besonders starkem Maße geschützt?

## Die Sicherung des Bundesstaats.

Welche verschiedenen Mittel wendet die RV. (nicht nur deren 1. Abschnitt!) an, um den *Bestand der bundesstaatlichen Ordnung zu wahren?*

Durch welche Merkmale unterscheiden sich *Vereinbarkeits*streitigkeiten (Art. 13 II), *Aufsichts*streitigkeiten (Art. 15 III), *Streitigkeiten zwischen Reich und Ländern*

(Art. 19 I, Fall 2)? Ist die Kompetenz zum *Zwangsausgleich* (Art. 18 VIII) in der Entscheidungsbefugnis des StGH. über Streitigkeiten nicht privatrechtlicher Art zwischen verschiedenen Ländern nach Art. 19 I Fall 1 mit enthalten?

In X ist ein großes Bergwerksunglück geschehen, durch das Tausende von Familien in Not geraten sind. In dem — gerade zur Verabschiedung stehenden — Reichshaushaltsplan wird ein Betrag von 3 Mill. RM. eingestellt, der zur Linderung der Not verwendet werden soll. Die Reichsregierung stellt diesen Betrag dem Lande Y zur Verfügung, macht die Auszahlung indessen davon abhängig, daß das Land bei Durchführung seiner Hilfsaktion vom Reichsarbeitsminister aufzustellende Richtlinien einhält. Die Regierung von Y weigert sich. Kann das Reich seinen Willen durchsetzen? — Nach anfänglichem Sträuben nimmt Y die Richtlinien an. Der Reichsarbeitsminister entsendet Ministerialrat P., der an Ort und Stelle die Durchführung überwachen soll. Das Land Y hält das grundsätzlich für unzulässig und ruft den Staatsgerichtshof an. Darf dieser entscheiden? Wie wäre es, wenn das Reich ein Gesetz über die Hilfeleistung für die in X Geschädigten erlassen hätte, das von dem Lande Y durchzuführen wäre? — Über die Frage, ob die Zeche X baldmöglichst wieder in Betrieb zu nehmen oder stillzulegen sei, kommt es zwischen P. und den Landesunterbehörden zu heftigen Meinungsverschiedenheiten. Wer entscheidet sie?

Das Reich erläßt ein Gesetz, laut welchem die bisherigen Landespolizeibehörden in Reichsbehörden umgewandelt werden, deren Anweisungen die Ortspolizeibehörden zu folgen verpflichtet sind. Die Materialien ergeben, daß das Reich sich auf Art. 9 Z. 2 stützt. Eine Ortspolizeibehörde weigert sich, den diesem Gesetz gemäß erlassenen Befehlen Folge zu leisten. Kann in dem darauf folgenden Disziplinarverfahren der schuldige Beamte mit der Behauptung gehört werden, das Reichsgesetz sei nichtig, weil ein Bedürfnis nach Erlaß einheitlicher Vorschriften nicht vorhanden gewesen sei; zudem verleihe Art. 9 dem Reiche wohl ein Recht zur Gesetzgebung, nicht aber zur Schaffung einer Verwaltungsorganisation? — Die Reichspolizei erläßt eine Polizeiverordnung mit Strafandrohung; X übertritt sie; ist der Strafrichter zur Nachprüfung obiger Behauptungen zuständig? — Ein (bisheriges) Landespolizeigesetz widerspricht neuerlassenen Reichspolizeiverordnungen. Das Land behauptet Vereinbarkeit mit dem Reichsrecht, weil das Reichspolizeigesetz der RV. widerspräche und nichtig sei. Sind die obigen Behauptungen in dem Verfahren nach Art. 13 II nachprüfbar? Könnte es aus dem gleichen Anlaß zu einer Klage vor dem Staatsgerichtshof kommen und wäre dieser zur Nachprüfung der Behauptungen befugt?

(Die letzte Frage ist an Hand der Rspr. d. StGH. zu beantworten; zu vergleichen sind insbesondere die beiden pr. Notverordnungsentscheidungen L—S. I, A III 2, S. 267; II, A III 2, S. 66; lassen sich die dort entwickelten Grundsätze ohne weiteres in die bundesstaatliche Sphäre übertragen?)

Inwiefern gehört die *innerstaatliche Friedensbewahrung* (Art. 19 I Fall 1) zur Bundesstaatsordnung?

Bei einem schweren Konflikt zwischen dem Reich und einem Lande erklärt das letztere dem Reiche den *Krieg*. Wie würde diese „Kriegserklärung" staatsrechtlich zu werten sein?

Das Wahlgesetz eines deutschen Landes enthält u. a. folgende Bestimmung:

Die Wahlvorschläge müssen von mindestens 7000 Wählern unterzeichnet sein. Für jeden Wahlvorschlag sind bei seiner Einreichung 5000 RM. an den Landeswahlleiter einzuzahlen. Der Betrag verfällt der Staatskasse, wenn kein Bewerber des Wahlvorschlags zum Abgeordneten gewählt wird. Handelt es sich um Wahlvorschläge von Parteien, die im letzten Landtag vertreten gewesen sind, so genügt die Unterzeichnung von 50 Wählern; der Einzahlung von 5000 RM. bedarf es in diesem Falle nicht. Nach Aufteilung der Stimmen auf die Kreiswahlvorschläge sind 15 Landesabgeordnete nach dem Verhältnis der Gesamtstimmenzahl, die auf die Kreiswahlvorschläge entfallen, von der Regierung zu benennen.

Der Landesverfassung widersprechen diese Bestimmungen nicht; ein Landesstaatsgerichtshof ist nicht vorhanden. Liegt sachlich eine Verfassungsstreitigkeit innerhalb eines Landes vor, wenn die Ungültigkeit dieser Bestimmungen behauptet wird? An Hand der Rspr. d. StGH. (Splitterparteiurteile) ist festzustellen, wer gegebenenfalls zur Klageerhebung aktiv legitimiert wäre, wer nicht.

Der Landtag ist auf Grund dieses Wahlgesetzes gewählt worden; ein Jahr nach seinem ersten Zusammentritt ergeht ein Urteil des StGH., die oben angeführten Bestimmungen verstießen gegen die RV. Sind die in der Zwischenzeit vom Landtag verabschiedeten Gesetze gültig? Könnte die Gültigkeit von den ordentlichen Gerichten nachgeprüft werden, wenn die Landesverfassung die Nachprüfung ordnungsgemäß vom Landtag beschlossener und verkündeter Gesetze ausschließt?

Ein höherer Landesbeamter war wegen Urkundenunterdrückung und Aktenbeseitigung nach § 348 StrGB. in letzter Instanz vom Oberlandesgericht X. verurteilt worden. Während der Verhandlung war die Öffentlichkeit ausgeschlossen worden aus Gründen der Staatssicherheit. Auch das Urteil war in nichtöffentlicher

Sitzung verkündet worden. Im Wege der Reichsaufsicht wird das fehlerhafte Verfahren gerügt; außerdem wird um Übersendung der Strafakten ersucht. Die Landesregierung verweigert aus Gründen der Staatssicherheit Einsendung der Akten. Sie beantragt Entscheidung des StGH. Wie wird sie ausfallen?

Die Polizei verbietet den Weiterbau an einem Finanzamt, weil die Fluchtlinie überschritten sei. Ist im Streitfall das OVG. oder der StGH. zuständig?

Das Finanzamt zu X verbietet der Staatsbank des Landes Y, einer Landesbank und einer städtischen Sparkasse die Ausgabe von Inhabersparkarten. Kann die Reichsbehörde durch Androhung von Strafen gemäß § 202 RAbgO. gegen die Vorstandsmitglieder ihre Verfügung erzwingen? Wer entscheidet über die Berechtigung von Verfügung und Zwangsmittel? Sind die von der Zwangsandrohung Betroffenen verpflichtet (vorläufig?) zu leisten, wenn sie trotz des Verbots mit der Ausgabe der Sparkarten fortfahren? (vgl. RSteuerBl. **1930**, 21).

Das Land P. schließt mit dem auswärtigen Staate R. einen Vertrag gemäß Art. 78 Abs. II RV. Bedarf es zur Wirksamkeit dieses Vertrages einer Mitwirkung von Reichspräsident oder Reichsregierung?

Der Freistaat Sachsen erließ am 22. Juli 1919 ein eiligst verabschiedetes Übergangsschulgesetz, in welchem den bisher endgültig angestellten sächsischen Volksschuldirektoren auferlegt wurde, sich entweder neu zur Wahl zu stellen oder als einfache Lehrer in Zukunft Dienst zu tun. Einer der betreffenden Direktoren bittet um Rechtsauskunft: 1. ob ihm ein Recht darauf zustünde, als Direktor weiter Dienst zu tun und das höhere Gehalt eines Direktors zu beziehen, 2. ob er für den Fall, daß er als einfacher Lehrer weiterhin Dienst tun müsse, wenigstens ein Recht auf das höhere Gehalt habe, 3. in welcher Weise er seine Ansprüche gegen den sächsischen Staat geltend machen könne.

Würde es einen Unterschied ausmachen, wenn das sächsische Gesetz einen Monat später ergangen wäre?

Zwischen Reichs- und Landesregierung ist ein schwerer Konflikt ausgebrochen; das Reich ernennt einen Kommissar, auf den die gesamte vollziehende Gewalt übergeht. Das Land ruft den Staatsgerichtshof an. Wird durch die Einreichung der Klage der Auftrag des Kommissars hinfällig? Kann der Staatsgerichtshof durch einstweilige Verfügung den Kommissar seines Amtes entheben? Kann er nachprüfen, ob die angeordnete Maßnahme angemessen war?

Was versteht man unter *Verfassungsstreitigkeiten?* Wie wurden sie nach der BISMARCKschen Verfassung entschieden?

Als grundlegende Entscheidungen des Staatsgerichtshofs sind folgende Fälle bei LAMMERS-SIMONS zu studieren:

| | | | | | |
|---|---|---|---|---|---|
| Biersteuergemeinschaft: . . . . . . | Bd. | I | Nr. | AI 19. |
| Donauversinkung: . . . . . . . . . | „ | I | „ | AII 1 |
| Clausula: . . . . . . . . . . . . . | „ | I | „ | AII 2 |
| Titel in Bayern: . . . . . . . . . . | „ | II | „ | I 1 |
| Freiheitsgesetz: . . . . . . . . . . | „ | II | „ | III 3,4 |
| Potsdamer Flaggenstreit: . . . . . | „ | I | „ | AIII 3 |
| Preußisches Notverordnungsrecht: | „ | I | „ | AIII 2 |
| Existenzrecht der Gemeinden: . . | „ | I | „ | AIII 14 |
| Konfliktfall: . . . . . . . . . . . | „ | I | „ | B 1 |
| Erdölnotverordnung: . . . . . . . | „ | II | „ | III 1 |
| Gewerbesteuernotverordnung: . . | „ | II | „ | III 2 |
| Nassauische Adelsgenossenschaft: | „ | I | „ | AIII 1 |

Ferner JW. 1931, S. 1707ff.

Was ergibt sich aus ihnen über Zuständigkeit; Parteifähigkeit; Aktivlegitimation; Verfahren, insbesondere einstweilige Verfügung; Rechtsquellen; Auslegung; Prüfungsrecht?

Was versteht man unter Popularklage? Kann man mit einem Schein des Rechts sagen, durch die Rechtsprechung des Staatsgerichtshofes drohe die Gefahr, daß sich Art. 19 zu einer allgemeinen Verfassungsbeschwerde auswachse?

# Aufbau des Staates.

## Gebiet.

Der Satz „*Gebietsverletzung ist nicht Sachbeschädigung, sondern Körperverletzung*“, ist staatstheoretisch und staatsrechtlich auszulegen. Was versteht man unter einer „*Gebietstheorie*“; welches sind die gebräuchlichsten; wodurch unterscheiden sie sich?

Was besagt der — aus dem kanonischen Recht stammende — Satz: „*Quidquid est in territorio, etiam est de territorio*"?

Durch welche *strafrechtlichen* Bestimmungen ist das *Gebiet geschützt*?

Die Bestimmungen der RV., welche sich (direkt oder indirekt) auf Gebiet und Gebietsveränderungen beziehen, sind zusammenzustellen und systematisch zu ordnen. Gehört der Hamburger Freihafen zum Reichsgebiet? das Saargebiet? das Memelgebiet?

In welchem *Verfahren* vollzog sich nach der BISMARCKschen RV.:

1. der Anschluß Elsaß-Lothringens an das Deutsche Reich?
2. der Erwerb einer Kolonie, die Abtretung eines Kolonieteils?
3. die Vereinigung zweier deutscher Bundesstaaten?

In welchem Verfahren müßten sich folgende *Gebietsveränderungen* vollziehen:

1. Der Anschluß Deutsch-Österreichs an das Deutsche Reich.
2. Die Wiederangliederung eines im Versailler Vertrag abgetretenen Gebiets:
   a) auf Grund friedlichen Übereinkommens,
   b) als Ergebnis kriegerischer Auseinandersetzungen.
3. Die Abtretung eines Teiles einer preußischen Provinz an einen fremden Staat:
   a) und b) wie bei 2.
4. Die Berichtigung eines (unbewohnten) Grenzteils, wenn
   a) die Grenze nicht mehr erkennbar ist,
   b) sich die Grenzziehung im Zollüberwachungsinteresse als unzweckmäßig erwiesen hat.
5. Das Saargebiet soll bei seiner Wiedervereinigung als selbständiges Land (als Reichsland) dem Deutschen Reiche eingegliedert werden. — Luxemburg wünscht den Anschluß an das Deutsche Reich (selbständiges Land — Reichsland).

Der „*Neugliederungsartikel*" (18) gehört bekanntlich zu den am meisten umkämpften Teilen der neuen Reichsverfassung. An Hand der verschiedenen Entwürfe sind die Entstehungsphasen des in Art. 18 beschlossenen Kompromisses zu charakterisieren.

Art. 18 enthält *drei* mögliche *Neugliederungsverfahren*. Worin unterscheiden sie sich nach Voraussetzungen und Durchführung? Wie ist der Ausdruck „verfassungsänderndes Reichsgesetz" in Art. 18 richtigzustellen? Welche Reihenfolge für die drei Verfahren ergibt sich unter Berücksichtigung ihrer politischen Aussichten? Welche Rechtsnormen ergänzen im Reich und in Preußen den Art. 18? Wo sind die eigentlichen Schutzbestimmungen zugunsten der Länder gegen ihnen unerwünschte Neugliederungen zu suchen?

Württemberg, Baden, Hessen (südlich des Mains) und Sigmaringen sollen ein neues Land „Südwestdeutschland" bilden. Eine zur Verfassungsänderung ausreichende Mehrheit ist im Reichstag nicht vorhanden. Der Zusammenschluß wird vor allem von badischen Kreisen propagiert; in Württemberg und Hessen haben die Regierungen erklärt, sie wollten nichts gegen den Plan unternehmen. Dagegen haben die preußische und bayerische Regierung bei der Reichsregierung schärfsten Widerspruch erhoben. Letztere wünscht den Plan verwirklicht zu sehen. Wird ihr das gelingen? In welchem Verfahren ist vorzugehen (Einzelheiten angeben!)? Welche Voraussetzungen müssen jeweils vorhanden sein, damit „Südwestdeutschland" zustande kommt? Würde sich dadurch das Stimmenverhältnis im Reichsrat ändern? Wie wären bei einer Volksabstimmung die Stimmen zu zählen?

Welche Neugliederungen sind bisher auf Grund des Art. 18 vorgenommen worden? Welche Versuche sind gescheitert?

## Staatsangehörigkeit.

Welche *Bedeutung* hat die Staatsangehörigkeit (St.Ang.) im modernen Staate?

Welche Grundsätze des *St.Ang.Ges. vom 22. Juli 1913* sind in der RV. festgelegt?

Welche politische Bedeutung besitzen *ius originis* und *ius soli* für die völkische Zusammensetzung?

Das Zusammenleben der Völker erfordert möglichste Einschränkung der Fälle von *doppelter Staatsangehörigkeit und Staatenlosigkeit*; in welcher Weise hat das deutsche St.Ang.Ges. versucht, diesen Notwendigkeiten Rechnung zu tragen?

Durch welche *völkerrechtlichen* Tatbestände wird das innerstaatliche St.Ang.Recht ergänzt?

Der Staat hat ein Interesse daran, *früheren* Staatsangehörigen die Wiederaufnahme in den Staatsverband zu erleichtern; welche Bestimmungen des St.Ang.Ges. tragen diesem Gedanken Rechnung?

Welche Bestimmungen des St.Ang.Ges. zielen auf die *Wahrung der einheitlichen St.Ang. des Familienverbandes* ab?

Der Rechtsausschuß der X-Partei bittet um Erstattung eines Referats über die *Reform des StAngRechts*. Es sind

a) *Leitsätze* für ein solches Referat aufzustellen und kurz zu begründen,
b) diejenigen Gesetzes- (und Verfassungs-) Änderungen zu entwerfen, welche die Durchführung der Leitsätze erforderlich machen würde.

X. wird in Berlin wegen verbotenen Glückspiels zu Gefängnisstrafe verurteilt. Nachdem er sie verbüßt hat, wird er vom Polizeipräsidenten als Ausländer gemäß § 285a StrGB. aus dem Reichsgebiet verwiesen. Dieser begründet seine Verfügung damit, daß X. in Lodz geboren, daher Pole sei und die deutsche Staatsangehörigkeit nicht besitze. Zwar gebe er vor, die bayerische Staatsangehörigkeit erworben zu haben. Doch sei die ihm erteilte bayerische Einbürgerungsurkunde unbeachtlich, denn es habe bei seiner Einbürgerung das in § 9 StAngGes. vorgeschriebene Bedenklichkeitsverfahren nicht stattgefunden. Außerdem habe er die Einbürgerung in Bayern durch falsche Angaben erschlichen. Schließlich sei, wie die bayerische Regierung auf Anfrage mitgeteilt habe, der Beamte, der die Einbürgerungsurkunde vollzogen habe, damals geisteskrank gewesen.

X. steht auf dem Standpunkt, daß er trotz aller dieser Mängel, die er nicht bestreitet, die bayerische Staatsangehörigkeit erworben habe und deshalb nicht ausgewiesen werden könne. Er fragt an, ob und wie er sein Recht geltend machen könne, und ob sein Standpunkt begründet sei.

B. besaß im Jahre 1913 die preußische Staatsangehörigkeit. 1913 begab er sich zur französischen Fremdenlegion, in der er bis 1923 diente, wie er angibt, ohne die französische Staatsangehörigkeit zu erwerben.

Nach Deutschland zurückgekehrt, beantragte er bei dem Regierungspräsidenten die Einbürgerung. Sie wird ihm versagt mit der Begründung, der Verlust der Staatsangehörigkeit durch Fahnenflucht nach § 26 des Gesetzes vom 22. Juli 1913 sei durch die allgemeine Amnestie des Rates der Volksbeauftragten für sämtliche militärische Vergehen aufgehoben. Einer Einbürgerung bedürfe es daher nicht.

Dem B. wird geraten, diese Entscheidung anzufechten, weil sie irrtümlich sei und er ohne Einbürgerung staatenlos bleibe.

Welches Rechtsmittel ist dem B. gegeben, und wie kann er seinen Antrag begründen?

A. ist Angestellter und im preußischen Staatsbetrieb der Grenzstadt X. tätig. Er ist Preuße. Auf thüringischem Boden, nahe der Staatsgrenze, besitzt er Haus und Hof zu Eigentum und wohnt dort mit seiner Familie. Sein Grundstücksnachbar ist der württembergische Landesangehörige B., der gleichfalls im preußischen Staatsbetrieb der Grenzstadt X. als Angestellter beschäftigt ist. Als in Preußen Neuwahlen zum Landtage stattfinden, bitten sowohl A. wie B. um Aufnahme in die Stimmlisten. Dem Verlangen des A. — beide stützen sich auf § 1 Abs. 2 des preußischen Wahlgesetzes — wird stattgegeben. B. wird abschlägig beschieden.

Wie ist das Verhalten der Wahlbehörden zu beurteilen?

Hat B. ein Rechtsmittel?

Wie ist die Rechtslage bei einem (preußischen) Volksbegehren?

## Das Volk als Staatsorgan.

Welche Bedeutung hat der Satz „*vox populi, vox dei*“ für den modernen Staat? Welche *Einrichtungen* trifft die RV. im 1. und 2. Teil, um der vox populi Gehör zu verschaffen?

Die Weimarer Verfassung gebraucht das *Wort* „*Volk*“ (außer in der Präambel) in den Art. 1, 18, 20, 21, 41, 42,

181; ferner in folgenden Zusammensetzungen (alphabetisch geordnet): Volks*abstimmung* (43), Volks*begehren* (73, 76), Volks*bildungswesen* (148), Volks*entscheid* (73, 74, 75, 76), Volks*hochschulen* (148), Volks*kreise* (165), Volks*schule* (145, 146, 147), Volks*teile* (113, 156), volks*tümlich* (113), Volks*tum* (148), Volks*vertretung* (17, 35, 40a, 126), Volks*zählung* (61); verwandt sind die Ausdrücke *Bevölkerung* (2, 18, 61, 178), *Bevölkerungspolitik* (7), *Bevölkerungsverteilung* (10), *Völkerrecht* (4), *völkerrechtlich* (45), *Völkerversöhnung* (148). Welche verschiedene juristische Bedeutung liegt in den einzelnen Art. dem Begriff „Volk" zugrunde? Wo wird das gleiche Wort in verschiedenem Sinn gebraucht? Sind die von der Verf. verwendeten Ausdrücke verwandt mit dem Begriff „völkisch"? Sind „Volk" und „*Nation*" in einzelnen Bestimmungen der RV. gleichzusetzen? An welchen Stellen der Verf. erscheint „das Deutsche Volk als *Rechtsbegriff*"? Welche der oben angeführten Worte bezeichnen *organisatorische Einrichtungen* des demokratischen Staatsrechts?

Welcher Unterschied besteht zwischen den Begriffen „Volks*initiative*" und „*Volksbegehren*", „Volks*referendum*" und „*Volksentscheid*"?

Die Weimarer Verfassung hat sich bei Ausbau ihres „demokratischen Apparates" der *Schweizerischen Bundesverfassung* als Vorbild bedient; durch Vergleich der Verfassungstexte ist festzustellen, welche Übereinstimmungen, Ähnlichkeiten und Verschiedenheiten vorhanden sind.

Welche staatstheoretischen Vorstellungen und Unterscheidungen liegen dem *Art. 3 pr. Verf.* zugrunde? Wie wären die Einrichtungen der RV. über die Willensäußerung des Volkes entsprechend zu gruppieren?

Welche Reichsgesetze (pr. Ges.) *organisieren* die Willensbetätigung des Volkes? Mit welchem Recht kann die *Reichsstimmordnung* vom 14. März 1924 als ein „*allgemeiner Teil*" dieser Gesetzesgruppe bezeichnet werden? Welche Einrichtungen verbürgen „*Allgemeinheit*", „*Gleichheit*", „*Geheimhaltung*" der Betätigung des Volkswillens?

Welche *Rechtsstufen* enthalten die Gesetze über die Ermittlung des Volkswillens?

Was versteht man unter den „*Grundsätzen der Verhältniswahl*" in Art. 17 RV.? Gegensatz? Politische Bedeutung des Gegensatzpaares? Technische Durchführung der verschiedenen Auswertungsformen?

Welche *Rechnungsformeln* können zur Auswertung der bei einer (Verhältnis-) Wahl abgegebenen Stimmen angewandt werden? Welches sind ihre Vor- und Nachteile?

Warum ist in Art. 41 RV. der Grundsatz der *Verhältniswahl* nicht festgelegt?

Wäre es möglich, die Reichsregierung nach dem Verhältniswahlsystem durch den Reichstag wählen zu lassen? Sind aus der Praxis der Regierungsbildung Versuche in dieser Richtung bekannt?

RADBRUCH zitiert (Hdb. d. StR. 1, 288) zur Kennzeichnung der *Bedeutung der Parteien* in der RV. den „Wahlspruch aller Prüderie":

„Man darf das nicht vor keuschen Ohren nennen,
Was keusche Herzen nicht entbehren können."

Auf welche Bestimmungen der RV. und der Volkswillensbildungsgesetze ließe sich mit gleichem Recht das Faustzitat anwenden:

„Den Teufel spürt das Völkchen nie,
Und wenn er sie beim Kragen hätte."

## Parlament (Reichstag).

Was bedeutet der Ausdruck „*Vertreter*" in Art. 21 RV.? Welches ist der Unterschied zwischen bürgerlichrechtlicher Stellvertretung und staatsrechtlicher *Repräsentation?* Zwischen imperativem und freiem Mandat? Welche Bedeutung hatten die aus der Geschichte der Franz. Revolution bekannten „*cahiers*“? Wie ist die Stellung der Mitglieder des Reichsrats und des Reichswirtschaftsrats, der Ratsmitglieder des Völkerbundes hinsichtlich ihrer „Mandats“ausübung im Vergleich zu den RT.Abg. ausgestaltet?

Läßt sich der Reichsrat oder der Reichswirtschaftsrat als erste Kammer, der Reichstag als zweite bezeichnen? In welchen (Groß-) Staaten ist das *Zweikammersystem* durchgeführt, welche politischen Funktionen soll es in den einzelnen Staaten erfüllen?

A. vertrat die (einen einzigen Wahlkreis bildende) Stadt X. im Reichstag. Erhebliche Vermögensverluste legten ihm den Gedanken nahe, sein Mandat niederzulegen. Daraufhin beschlossen die zuständigen städtischen Organe, dem A. aus städtischen Mitteln eine monatliche Vergütung von 300 RM. zu gewähren. Ist dies (nach der RV. oder nach preuß. Kommunalrecht) bedenklich?

B. ist Geschäftsführer eines bedeutenden Wirtschaftsverbandes. Durch die Aufwendung großer Geldsummen des Verbandes und seiner Mitglieder bei der Wahlvorbereitung gelingt es, für B. ein Abgeordnetenmandat zu erkämpfen. B. ist zugesagt worden, daß er für die Dauer seiner Abgeordnetentätigkeit seine Stellung beibehalten solle, ohne zur Dienstleistung verpflichtet zu sein. Kann das Wahlprüfungsgericht auf Grund dieses Tatbestandes B. seines Mandats für verlustig erklären? — Bei der Beratung einer Gesetzesvorlage packt B. über interne Verbandsvorgänge aus. Er stellt die (unwahre) Behauptung auf, das Verbandsmitglied S. sei in Zahlungsschwierigkeiten; angesichts dieser durch die Presse gehenden Behauptung werden dem S. große Kredite gekündigt; S. fällt in Konkurs. Kann er gegen B. Schadenersatzansprüche geltend machen? Der Verband kündigt dem B. — entläßt ihn sofort — angesichts des groben Mißbrauchs seiner Vertrauensstellung. Kann B. dagegen Schritte unternehmen?

Der Reichstagsabgeordnete P. erfährt beim Betreten des Sitzungssaales von dem Reichstagspräsidenten, er habe gestern sein Mandat durch einen von ihm unterschriebenen Brief niedergelegt. P. hatte vor seiner Aufstellung als Kandidat seiner Partei eine Verzichterklärung übergeben, in der nur das Datum unausgefüllt geblieben war; ohne Wissen und Willen des P. war diese Erklärung von dem

Parteibüro abgesandt worden. Wer entscheidet darüber, ob P. die Abgeordneteneigenschaft verloren hat? Wie wird die Entscheidung ausfallen?

X. ist Reichsratsbevollmächtigter des Landes A. Er wird zum Reichstagsabgeordneten gewählt. Kann er beide Ämter nebeneinander ausüben? Wie ist die Rechtslage, wenn ein Mitglied des preußischen Staatsrats zum Landtags- (oder zum Reichstags-) abgeordneten gewählt wird? Eine Partei setzt den amtierenden Reichspräsidenten an die Spitze der Reichsliste. Muß der Reichspräsident nach Durchführung der Wahl gefragt werden, ob er das (auf diese Liste der Stimmenzahl nach entfallende) Abgeordnetenmandat annähme? Welche staatsrechtliche Folge hätte eine bejahende Antwort des Reichspräsidenten?

In den Parlamentsberichten kommen häufig folgende Ausdrücke vor: „Kleine Anfrage", „Interpellation", „Schwerinstag", „Wilder", „Hospitant", „ich und meine Freunde"; dem Abg. X. wurde das Wort erteilt „zur Sache", „zur Geschäftsordnung", „außerhalb der Tagesordnung", „zu einer persönlichen Bemerkung"; „Hammelsprung", „namentliche Abstimmung". Was bedeuten sie?

Sind die „Diäten" der Abgeordneten der Pfändung unterworfen? Kann der Abgeordnete sie an eine dritte Person abtreten oder ganz auf sie verzichten?

Der Abgeordnete Z., der in einem in nichtöffentlicher Sitzung verhandelten Landesverratsprozeß als Zeuge Tatsachen erfahren hat, deren öffentliche Bekanntgabe das Verbrechen des diplomatischen Landesverrats (§ 92 Z. 1 StGB.) erfüllen würde, schickt sich an, über diese Dinge in öffentlicher Sitzung des Reichstags zu sprechen. Der anwesende Reichsminister Y., der selbst nicht Mitglied des Reichstags ist, springt auf Z. zu und verhindert ihn durch Anwendung tätlicher Gewalt am Weiterreden. Kann der Reichstagspräsident Z. und Y. daraufhin von der Sitzung ausschließen? Haben sich Z. und Y. strafbar gemacht?

Bei der Abstimmung im Landtag zu X. über die Genehmigung eines Vertrages betr. die Verpachtung der Xschen Salzwerke an den staatlichen preußischen Bergbaubetrieb, die Preußag, hing die Entscheidung an den Stimmen zweier Abgeordneter. Sie stimmten für den Vertrag. Später stellte sich heraus, daß sie durch namhafte Geldsummen von Interessenten bestochen waren. Ist das Gesetz gültig? Kann die Gültigkeit des Vertrags von der Landesregierung angefochten werden? Können die Abgeordneten, können die Interessenten strafrechtlich verfolgt werden?

Welche *Organe* besitzt der Reichstag nach der RV.?

In welchem Verhältnis steht das *Wahlprüfungsgericht* zum Reichstag? Wie vollzog sich das Wahlprüfungsverfahren nach der alten RV.? Welche Kompetenzen besitzt das Wahlprüfungsgericht? Das Wahlprüfungsgericht entscheidet, daß X. seine Reichstagsmitgliedschaft verloren hat; wer stellt fest, wer anstatt des X. berufen ist?

In der Eröffnungssitzung eines neugewählten Reichstags kommt es zu schweren Tumulten. Kann der Alterspräsident die Geschäftsordnung vom 12. Dezember 1922 i. d. Fassung vom 31. 3. 1931 (RGBl. II, 221) gegen die Unruhestifter zur Anwendung bringen? Welchen Charakter hat diese Geschäftsordnung?

Welche rechtliche und praktische Bedeutung haben die Ausdrücke „Tagungen", „Wahlperioden", „Sitzungsperioden"?

Der Reichstag setzt einen Untersuchungsausschuß ein „zur Prüfung der unhaltbaren Zustände in einigen deutschen Strafanstalten". Im Auftrage des Ausschusses sollen drei Mitglieder eine Anzahl von Strafanstalten besichtigen. Eine Landesregierung weist die Strafanstaltsdirektoren an, den Abgeordneten den Zutritt zu verweigern, weil der Untersuchungsausschuß seine Kompetenzen überschritten habe. Kann der Ausschuß seinen Willen durchsetzen?

Der Reichspräsident hat eine Notverordnung erlassen, die auf Verlangen des Reichstags außer Kraft gesetzt wurde. Darauf löst der Reichspräsident den Reichstag auf und erläßt alsbald im wesentlichen die gleiche Notverordnung nochmals. Der Ausschuß zur Wahrung der Rechte der Volksvertretung verlangt sofortige Außerkraftsetzung der zweiten Verordnung. Muß der Reichspräsident diesem Verlangen nachkommen?

Es schwebt ein Hochverratsprozeß vor dem Reichsgericht. Der Reichstag beschließt, einen Untersuchungsausschuß einzusetzen, um festzustellen, ob durch das hochverräterische Treiben die Sicherheit der Republik bedroht sei und ob sich Verschärfung der bestehenden Gesetze empfiehlt. Ist das zulässig (vgl. Danziger Verfassung Art. 19!)? Kann der Untersuchungsausschuß die Untersuchungsakten des Reichsgerichts einfordern? Kann er Zeugen, die das Reichsgericht bereits vernommen hat, zum gleichen Thema noch einmal vernehmen?

Ein Untersuchungsausschuß des preußischen Landtags soll feststellen, wieweit Beamte ihre Amtsstellung zur Beeinflussung eines Volksbegehrens mißbraucht haben. Er beschließt, drei preußische Minister über bestimmte, dem Wortlaut nach festgelegte Fragen zu vernehmen; sie beziehen sich auf die durch Reden und Erlasse kundgetane Absicht der Minister, Beamte von der Einzeichnung in die Stimmlisten abzuschrecken. Das Staatsministerium versagt die Genehmigung zur Aussage der drei Minister und stützt sich dabei auf Art. 25 Abs. 3 preuß. Verf. und § 54 Abs. 2 StrPO.

Wie ist die Rechtslage?

Welche Möglichkeiten hat der Untersuchungsausschuß, der Landtag, seinen Standpunkt durchzusetzen?

## Staatsoberhaupt (Reichspräsident).

Die *rechtliche und politische Stellung* des deutschen Reichspräsidenten ist mit der der Staatsoberhäupter der Vereinigten Staaten, Frankreichs, Englands und des deutschen Kaisers nach der Bismarckschen RV. zu vergleichen nach folgenden Gesichtspunkten: Berufung zum Amt (Wiederwahl), Amtsdauer, Entfernung aus dem Amte, Stellung zum Parlament (Auflösungsbefugnis), Ernennung der Regierung, Entlassung der Regierung, Einfluß auf die Gesetzgebung.

Einzelne deutsche Länder (welche?) haben einen *Staatspräsidenten;* ist dessen Stellung mit der des deutschen Reichspräsidenten vergleichbar? Wer besitzt nach der preuß. Verf. das Recht, den Landtag aufzulösen?

Was besagt die Theorie vom „*pouvoir neutre*“? (dasselbe wie die vom pouvoir moderateur?). Ist sie bereits in der Gewaltenteilungslehre Montesquieus enthalten? Wer hat sie als solche begründet? Läßt sich behaupten, der Reichspräsident verkörpere nach der RV. eine solche neutrale Gewalt? Mit welchem Recht wird der deutsche Reichspräsident „*Hüter der Verfassung*“ genannt?

Bei den Verfassungsverhandlungen wurde erwogen, dem Deutschen Reiche eine *Direktorialverfassung* zu geben. Was versteht man darunter? Welches Vorbild hätte man wählen können? Welche rechtliche Ausgestaltung hätte sie in den Grundzügen finden müssen? Ermutigen die geschichtlichen Erfahrungen zu einem solchen Versuch?

Welche politischen Möglichkeiten eröffnet das Gesetz über die *Wahl des Reichspräsidenten?* Ist den Parteien durch dieses Gesetz Einfluß auf die Auswahl der Kandidaten verstattet? Auf Grund welcher Bestimmungen führte der erste Reichspräsident sein Amt bis zu seinem Tode 1925? Welche von ihnen bedeuteten eine Verfassungsänderung (Verfassungsdurchbrechung)?

Gilt für den deutschen Reichspräsidenten der Satz „*princeps legibus solutus*"? Wie ist sein Schutz vor im Staatsinteresse abträglicher gerichtlicher Verfolgung im Vergleich zu den Reichstagsabgeordneten ausgestaltet? Kann das Reich auf Grund einer Amtshandlung des Reichspräsidenten nach Art. 131 RV. in Anspruch genommen werden? Wäre der Reichspräsident selbst u. U. nach § 823 oder § 826 BGB. zu belangen?

Aus den Bestimmungen der RV. sind die *Kompetenzen* des Reichspräsidenten zusammenzustellen (beachte insbes. Art. 179!). Was ergibt ein Vergleich mit den Kompetenzen des deutschen Kaisers nach der BISMARCKschen RV.?

Sind folgende „Amtshandlungen" des Reichspräsidenten der *Gegenzeichnung* bedürftig?

a) Verzichtserklärung auf sein Amt.
b) Ein Aufruf an das deutsche Volk, in Notzeiten den Parteihader zu vergessen.
c) Eine Rede bei der Einweihung eines Denkmals zur Erinnerung an die Schlacht bei Tannenberg.
d) Ein Brief, in welchem der Reichspräsident einer politischen Persönlichkeit seine Auffassung über die politische Lage darlegt.
e) Eine Ansprache, die der Reichspräsident bei seiner Eidesleistung an den Reichstag richtet.

f) Ein Auftrag zur Kabinettsbildung nach bestimmten Richtlinien, den der Reichspräsident einem ihm genehmen Reichskanzlerkandidaten erteilt.
g) Die Ernennung, die Entlassung eines Reichskanzlers.
h) Die Auflösung des Reichstags.
i) Das Nichtgebrauchmachen von dem Rechte, den Volksentscheid nach Art. 74 III RV. herbeizuführen?
k) Die Weigerung, ein vom Reichstag beschlossenes Gesetz zu unterzeichnen, weil dieses verfassungswidrig sei.
l) Die Weigerung, einer auswärtigen Regierung anläßlich der Ermordung des Ministerpräsidenten sein Beileid auszusprechen.

Welche Rechte hätte die Reichsregierung in den Fällen i bis l gegenüber dem Reichspräsidenten? Welche der Reichstag gegenüber dem Reichspräsidenten und der Reichsregierung?

Welches sind die Unterschiede nach Voraussetzungen und Wirkungen der *Amtsbeendigung* nach Art. 43 und Art. 59 RV.?

Welche Bestimmungen der Geschäftsordnung der Reichsregierung, der gemeinsamen Geschäftsordnung für die Reichsministerien (allg. u. bes. Teil) dienen dazu, die *Einheit der Exekutive* zu sichern?

Widerspricht § 182c der Geschäftsordnung der Reichsregierung der Reichsverfassung? Wie sind die Bestimmungen unter Beachtung der RV. zu handhaben?

Gestützt auf Art. 47 erteilt der Reichspräsident dem Reichswehrminister den Dienstbefehl, im Reichskabinett für die Einbringung eines unter seinem Einfluß entstandenen Gesetzentwurfs über die Heeresreorganisation zu stimmen? Muß der Reichswehrminister diesem Befehl nachkommen?

Der Reichswehrminister setzt bei einem Konflikt zwischen dem Reiche und einem Lande, ohne eine Anordnung des Reichspräsidenten abzuwarten, die bewaffnete Macht ein; er stützt sich darauf, daß der Reichspräsident dem Reichswehrminister die selbständige Ausübung der Befehlsgewalt generell übertragen habe. Ist sein Vorgehen einwandfrei?

Worauf gründet sich die sog. *Organisationsgewalt des Reichspräsidenten?* Welches ist ihr Inhalt? In welchem Verhältnis steht sie zu dem Budgetrecht des Reichstages? Worauf gründet sich das Recht des Reichspräsidenten, Flaggenverordnungen zu erlassen?

Die Absetzung eines Reichspräsidenten droht; während der politischen Auseinandersetzungen, die eine starke Erregung der Bevölkerung hervorrufen, erkrankt der Reichspräsident. Der durch Vertrauen der Parlamentsmehrheit gestützte Reichskanzler erläßt darauf eine Notverordnung nach Art. 48 II RV., laut der der Reichspräsident für abgesetzt, er selbst zum Stellvertreter bis zur Neuwahl erklärt wird. Ist das zulässig?

## Regierung.

Die RV. gebraucht den Ausdruck „*Reichsregierung*" in den Art. 12, 15, 18, 24, 33, 35, 52, 55, 57, 58, 64, 65, 66, 68, 69, 74, 77, 86, 91, 93, 98, 165, 169, 179. Das Wort „Regierung" findet sich — z. T. in Zusammensetzungen — in den Art. 18, 33, 63, 73, 109, 112, 168. Es ist festzustellen, in welchem Sinne jeweils der terminus „*Regierung*" gebraucht wird. Lassen sich die einzelnen Bedeutungen gruppenweise ordnen? Welche staatsrechtlichen, verwaltungsorganisatorischen, staatstheoretischen Bedeutungen besitzt das Wort „Regierung" ferner? Welche Behörden bezeichnete man in Preußen als „Regierungen", bevor sie — wann? — ihre heutige Gestalt erhielten?

Welchen Stellen war der *Reichskanzler* nach der BISMARCKschen Verfassung politisch, welchen staatsrechtlich verantwortlich? Es ist darzustellen, wie sich im Frieden (Sturz BÜLOWS!) und im verstärkten Maße während des Krieges (Friedensresolution!) das Schwergewicht zwischen Reichstag und Regierung verschob. Welche Rolle spielte die Oberste Heeresleitung während des Krieges politisch? In welcher Richtung bewegten sich die Reformvorschläge (vgl. MAX WEBER, Parlament und Regierung im neugeordneten Deutschland i. Ges. pol. Schriften)? Wieweit entsprachen die Gesetze vom August und Oktober 1918 diesen Reformwünschen?

Welche Mitglieder der Reichsregierung sind nach der RV. oder nach anderen Rechtsnormen aus dem Kreise ihrer „Kollegen" herausgehoben?

In einer Kabinettssitzung wird ein Gesetzentwurf beraten, der einer Ausdehnung der Kulturfürsorge des Reichs dienen soll. Der Finanzminister erklärt, er erhebe gegen den Entwurf ausdrücklich Widerspruch; zwar habe er keine allzu große finanzielle Bedeutung, die Mehrbelastung des Reichshaushalts könne er vom Standpunkte seines Ressorts mit gutem Gewissen vertreten. Indessen wende er sich grundsätzlich gegen jede weitere Aushöhlung der Eigenstaatlichkeit der Länder. Als in einer weiteren Sitzung über die Frage, ob der Entwurf eingebracht werden solle, abgestimmt wird, tritt der Reichskanzler zwar dem Reichsfinanzminister bei, die Mehrheit des Kabinetts beschließt die Vorlage an den Reichstag. Darf diese — unter Beachtung des § 32 der GeschO. der Reichsregierung — erfolgen? Der Reichsminister des Inneren, welcher am stärksten an dem Gesetz interessiert ist, behauptet, die angezogene Bestimmung der GeschO. sei verfassungswidrig und unbeachtlich. Hat er recht?

Warum erwies es sich als notwendig, ein *Reichsministergesetz* zu erlassen? In welchen Punkten verändert dieses Gesetz die bisherige Rechtsstellung und Rechtslage?

Der Reichspräsident will X. zum Reichskanzler ernennen; bei Besprechungen mit den Partei- und Fraktionsführern stellt sich heraus, daß diese Kandidatur allseitiger Ablehnung begegnet. Ist die Ernennung trotzdem zulässig?

Die nach einer Neuwahl als stärkste in den Reichstag eingezogene Y-Partei fühlt sich übergangen, als der Reichspräsident den Führer einer kleineren Partei zu sich bittet, um ihn mit der Regierungsbildung zu betrauen. Wie kann sie das durchsetzen, was sie für ihr Recht hält?

Fortsetzung des oben (S. 26 a.E.) gegebenen Tatbestandes: Der neugewählte Reichstag ist nach seiner Zusammensetzung noch regierungsfeindlicher. Schon bei Aussprache über die politische Lage zeigt sich mit Sicherheit, daß er die Notverordnung des Reichspräsidenten keinesfalls billigen werde. Die wirtschaftliche Lage hat sich inzwischen bedeutend verschärft. Der Reichspräsident löst den Reichstag wiederum auf. Muß dieser auseinandergehen? Kann er unter Umständen dazu gezwungen werden?

Der Reichspräsident löst einen soeben gewählten, aber noch nicht zusammengetretenen Reichstag auf; ist das zulässig?

Der Reichspräsident entläßt eine Reichsregierung nicht, der das Vertrauen nach Art. 54 entzogen worden ist, weil die das Mißtrauensvotum unterstützenden Fraktionen aus ganz verschiedenen

Motiven dafür gestimmt haben und keineswegs gewillt sind, ihrerseits eine Regierungskoalition zu bilden; — er entläßt sie zwar, betraut sie aber mit der Weiterführung der Geschäfte als „Geschäftsministerium"; — er entläßt sie, ernennt aber den entlassenen Reichskanzler alsbald aufs neue und auf dessen Vorschlag die gleichen Reichsminister. Ist dieses Vorgehen zulässig? Welche staatsrechtliche Stellung hat das „Geschäftsministerium" (vgl. § 12 des Reichsministergesetzes)?

Welches Schema zeigt das *parlamentarische Regierungssystem* „in seiner wahren Gestalt"? (Abzuleiten von dem klassischen Zweiparteiensystem Englands.) — Welche Abweichungen zeigt das Regierungssystem Englands der Gegenwart, das französische Regierungssystem, der „Parlamentarismus" der Weimarer Verfassung (von THOMA, Hdb. d. StR. I, S. 504 als „hinkend" bezeichnet)?

Welche staatspolitische Bedeutung für den deutschen Parlamentarismus hat der Gegensatz von „gemäßigter" und „entschiedener" *Opposition* (THOMA, a. a. O., S. 507)?

Zur Beschleunigung der Reichsreform wird der preußische Ministerpräsident zum Minister ohne Portefeuille im Reichskabinett ernannt. Ist das zulässig? Ist er — die Zulässigkeit vorausgesetzt — in seiner preußischen Politik an die Kabinettsbeschlüsse gebunden? Muß er als Reichsminister — als preußischer Minister — zurücktreten, wenn ihm der Reichstag wegen seiner Amtsführung in Preußen das Vertrauen entzieht?

Der Reichspräsident betraut den Staatssekretär T. mit der Wahrnehmung der Geschäfte des Reichswirtschaftsministers. Hat T. Sitz und Stimme im Kabinett? Wird er von einem dem Kabinett als Ganzem erteilten Mißtrauensvotum betroffen? Kann ihm allein das Vertrauen entzogen werden? Ist es für die Beurteilung der beiden letzten Fragen wesentlich, daß T. „politischer Beamter" ist?

In seiner Verfassungslehre (S. 342) gibt CARL SCHMITT eine Übersicht über 4 mögliche *Typen der (parlamentarischen) Regierung* (Parlamentssystem — Premiersystem — Kabinettsystem — Präsidentielles System). Welchem Typus entspricht am meisten die Regierungsform Englands, Frankreichs, der Vereinigten Staaten, der BISMARCKschen RV., der preuß. Verf. von 1850 und 1920, der Weimarer Verf.

(nach den Anschauungen der „Väter der Verfassung", nach der Praxis etwa im 1. und 2. Jahrfünft, nach der Gegenwartspraxis)?

Üblicherweise wird bei Behandlung der „*Verantwortlichkeit*" der Minister eine zivilrechtliche, strafrechtliche, disziplinare und staatsrechtliche unterschieden. Wie ist letztere (unter Berücksichtigung der Art. 50, 54 und 59 RV.) unterzuteilen? In welchen Punkten ist die „Verantwortlichkeit" der Reichsminister innerhalb der drei ersten Kategorien anders geartet, als die der (sonstigen) Reichsbeamten?

Die Reichsregierung faßt den Beschluß, den Austritt Deutschlands aus dem Völkerbund zu erklären. Bei der Kabinettssitzung sind Zweifel aufgetaucht, ob die Reichsregierung zu einem solchen Beschluß und zu seiner Erklärung befugt sei. Ein Minister vertrat die Ansicht, daß ein verfassungsänderndes, ein anderer, daß wenigstens ein einfaches Reichsgesetz dazu erforderlich sei. Ein dritter hielt die Mitwirkung der Legislative für überflüssig, einen Kabinettsbeschluß jedoch für erforderlich, während ein vierter meinte, es genüge, wenn die Austrittserklärung von Reichskanzler und Außenminister unterzeichnet sei. Ein anderer stimmte dem zu mit der Maßgabe, daß nicht der Außenminister, sondern der Reichspräsident die Austrittserklärung abzugeben habe.

Es soll ein Gutachten erstattet werden über folgende Fragen:

1. Wer entscheidet über den Austritt?
2. Wer hat ihn zu erklären?
3. Wem ist er mitzuteilen?
4. Auf welche Weise?
5. Muß die Austrittserklärung im Reichsgesetzblatt veröffentlicht werden?

## Reichsrat und preußischer Staatsrat.

Welcher Unterschied besteht zwischen *Staatenhaus* — *Reichsrat* (Bundesrat) — *erster Kammer*?

Welche *Vorbilder* besaß BISMARCK für die Gestaltung des Bundesrates? In welchen Punkten benutzte er sie, in welchen wich er von ihnen ab?

An Hand der „Verfassungsurkunden" des Deutschen Reiches aus dem 19. Jahrh. ist festzustellen, welche Grundsätze für die Gestaltung des sog. „föderalistischen" Reichsorgans maßgebend waren. Wo gilt der Grundsatz: Jedes Bundesglied hat *mindestens* eine Stimme, — wo der Grundsatz: jedes Bundesglied hat *höchstens* eine Stimme?

Der *Aufbau* und die (aus der Struktur folgende) *politische Funktion* des Reichsrates (Bundesrats) sind zu vergleichen mit: dem amerikanischen und französischen Senat, dem englischen Oberhaus, dem schweizerischen und österreichischen Bundesrat, dem Völkerbundsrat. In welcher Weise trägt der Aufbau der UdSSR. dem Territorialgedanken Rechnung?

Konnte man nach der BISMARCKschen RV. behaupten, die *Souveränität* des Reiches liege beim *Bundesrat*? Läßt sich die gleiche Behauptung für den Reichsrat der Weimarer Verf. rechtfertigen oder paßt auf diese besser das „Bild einer *anspruchsvollen Fassade mit dürftigem Inhalt*" (BILFINGER Hdb. d. StR. I, S. 547)? Mit welchem Recht läßt sich behaupten, im Reichsrat sei — im Gegensatz zum BISMARCKschen Bundesrat — das „Prinzip der Führerlosigkeit" verwirklicht?

Struktur und Funktionen des Reichsrats sind mit denen des *preußischen Staatsrats* zu vergleichen; in welchen Hauptpunkten ergeben sich Abweichungen?

Wie sind die Ausdrücke „Vertretung", „Vertreter", „vertreten" in Art. 60, 63 RV. auszulegen? Besitzen sie die gleiche Bedeutung wie das Wort „Vertreter" in Art. 21? (Vgl. oben S. 23 a. E.)

Ist es der Weimarer Verf. gelungen, den Gegensatz der Strukturgrundsätze „*Bundesstaat*" *und* „*Demokratie*" (worin wurzelt er?) auszugleichen? Welchen Einfluß hat die Einführung des parlamentarischen Regierungssystems im Reich auf die Stellung des Reichsrats? Welchen die Anordnung dieses Systems in den Verfassungen der Länder durch Art. 17?

Unter welchen Voraussetzungen bedarf die Reichsregierung (bzw. der einzelne Reichsminister) beim Erlaß von *Verordnungen* (aller Art) der Mitwirkung des Reichsrats?

Auf den Widerspruch zwischen Satz 1 und 2 in Art. 69 I RV. wird häufig hingewiesen. Wie ist er zu erklären? Welche Auslegung ist dem Worte „*Zustimmung*" zu geben, um einen dem Aufbau der RV. entsprechenden Sinn zu erhalten? Wie hat sich die Praxis gestaltet?

Die Reichsregierung leitet dem Reichsrat einen Gesetzesentwurf über ein Reichsstädtebaugesetz zu. Bei der Behandlung im Reichsrat zeigt sich, daß dieser keinesfalls geneigt ist, dem Entwurf zuzustimmen. Darauf zieht die Regierung den Entwurf formell zurück, überläßt ihn aber einigen Abgeordneten der Koalitionsparteien, die nicht zögern, ihn als „Initiativantrag" ihrer Fraktion im Reichstag einzubringen. Kann sich der Reichsrat gegen eine solche „Verfassungsumgehung" schützen?

An welchen Stellen trägt die RV. ihrem in Art. 60 ausgesprochenen Grundsatz Rechnung, daß die Länder — durch den Reichsrat — an der *Verwaltung* mitwirken sollen?

Welche Arten von „*Mitgliedern des Reichsrats*" gibt es? Was ist ein „stellvertretender Regierungsdelegierter", was ein „Substitutionsbevollmächtigter"?

Staatssekretär X. ist zum stellvertretenden Regierungsdelegierten des Landes Z. ernannt. Der Landtag faßt einen Beschluß, laut dem die Stimmen des Landes Z. zu einem Gesetzentwurf des Reichs ablehnend abgegeben werden sollen. Der Regierungsdelegierte, Minister Y., unterläßt es, X. in diesem Sinne zu instruieren; X. stimmt — entsprechend seiner persönlichen Auffassung — dem Entwurf zu. Darf der Vorsitzende des Reichsrats (wer?), dem diese Vorgänge bekannt sind, einschreiten? Die Mehrheit des Landtags entzieht darauf X. wie Y. das Vertrauen; ist X. weiterhin berechtigt, das Land Z. im Reichsrat zu vertreten? Kann die Landtagsmehrheit die Ungültigkeit des Gesetzes geltend machen mit der Behauptung, hätte X. den Standpunkt seines Landes dessen wahren Willen entsprechend vertreten, so wäre das Gesetz, das sowohl im Reichstag wie auch im Reichsrat nur mit knapper Mehrheit beschlossen worden sei, unbedingt gescheitert?

Welche *Formel* verwendet das Reich bei der Gesetzesverkündung, um die Wahrung der verfassungsmäßigen Rechte des Reichsrats zum Ausdruck zu bringen? Für welche Fälle sind Bedenken gegen diese Formel nicht zu erheben? Wie lautet die entsprechende preußische Formel (für den Staatsrat)? Welches ist die bessere?

Durch welche „*clausulae antiborussicae*" beschränkt die RV. den Einfluß Preußens im Reichsrat? War die Stimmverteilung für Preußen im Bundesrat günstiger? Welche Einrichtungen der RV. von 1871 dienten der „*Hegemonie Preußens*"?

Inwiefern „vertreten" die *preußischen Provinzialmitglieder* ein „deutsches Land"?

Welche Veränderungen im Reichs- und Landesrecht wären nötig, um sicherzustellen, daß die Provinzialmitglieder im Reichsrat gleichzeitig Mitglieder des preuß. Staatsrats wären?

Sind die preußische Regierung, die Oberpräsidenten, die Provinzialausschüsse, die Provinziallandtage in der Lage, Einfluß auf die *Stimmabgabe im Reichsrat oder Staatsrat* auszuüben? Preußen wünscht eine einheitliche Stimmführung aller preuß. Stimmen sicherzustellen; könnte dies ein preuß. Gesetz des Inhalts erreichen: Vor jeder Abstimmung im Reichsrat ist eine Vorabstimmung im Kreise der preuß. Regierungs- und Provinzialvertreter vorzunehmen; deren Mehrheitsbeschluß ist entscheidend für die einheitliche Abgabe der preuß. Stimmen im Reichsrat? Könnte durch einfaches Reichsgesetz diese „Ergänzung" der Verfassung angeordnet werden? Welche Vorschriften des geltenden Rechts versuchen das angestrebte Ziel zu erreichen?

Wodurch unterscheidet sich die Stellung des heutigen „*Reichsratsvorsitzenden*" von der des „Bundesratsvorsitzenden"? Das zuständige Organ (welches?) unterläßt, den

Reichsrat zu Sitzungen einzuberufen; was kann der Reichsrat dagegen tun? Muß der Reichspräsident vom Reichstag beschlossene Gesetze verkünden, wenn der Reichsrat — mangels Sitzungen im Fristzeitraum — „keinen Einspruch erhoben hat"?

Worin unterscheidet sich die *persönliche Rechtsstellung* der Mitglieder des preuß. Staatsrats von derjenigen der Reichsratsbevollmächtigten, der Reichstags- und der preuß. Landtagsabgeordneten?

Gegen ein vom preuß. Landtag beschlossenes Gesetz legt der Staatsrat Einspruch ein. Der Landtag beschließt mit Zweidrittelmehrheit einige Abänderungen, die den in der Begründung geltend gemachten Bedenken des Staatsrats Rechnung tragen. Kann das Gesetz nunmehr ohne weiteres verkündet werden? Wie wäre ein analoger Fall im Reiche zu entscheiden?

In den Kreisen der Mitglieder des Reichsrats und des preuß. Staatsrats mehrten sich in den ersten Jahren der Geltung der neuen Staatsgrundgesetze Klagen, sie erführen nicht genug über den *Gang der laufenden Regierungsgeschäfte*, um ihre von der Verfassung gewollten Einflußrechte wirksam geltend machen zu können. Zwar leite die Regierung Gesetzentwürfe usw. ordnungsmäßig zu, gebe auch auf spezielle Anfragen über Einzelpunkte Auskunft; aber das genüge nicht. Was können die beiden Staatsorgane unternehmen, um die Regierungspraxis zu ändern? Läßt sich ihre Auffassung sachlich vertreten? Welche Bestimmungen des heute geltenden Rechts tragen den Gedanken der Art. 67 RV., 40 pr. V. Rechnung?

Welcher Rechtscharakter, welcher politische Grundzug eignet der *Geschäftsordnung für den Reichsrat*?

## Reichswirtschaftsrat.

Entspricht die in Art. 165 geplante Organisation des deutschen Wirtschaftslebens der *Räteorganisation Sowjetrußlands*?

Ist im deutschen Verfassungsleben des 19. Jahrh. ein Vorbild für den Reichswirtschaftsrat des Art. 165 zu finden?

Die Durchführung der Gesamtorganisation des Art. 165 mangelt bisher. Man spricht von einem *Gebäude, das nur aus Fundamenten und Notdach bestehe*; mit welchem Recht? Auf welche politischen Ursachen ist der geringe Eifer beim weiteren Ausbau zurückzuführen?

Welche *Organisationsprinzipien* liegen der Vo. über den vorläufigen Reichswirtschaftsrat vom 4. Mai 1920 zugrunde? Auf welche Weise hat man insbesondere versucht, durch Organisation des Reichswirtschaftsrats in „Gruppen" dem wirtschaftsfriedlichen Ausgleich zu dienen und die sachliche Beratung wirtschaftspolitischer Fragen sicherzustellen?

Das künftige Gesetz über den (endgültigen) Reichswirtschaftsrat ersetzt die bisherige Einteilung in *Gruppen* durch drei *Abteilungen*; in der I. sollen ausschließlich Vertreter der Unternehmer, in der II. solche der Arbeitnehmer sitzen; die III. umfaßt Vertreter der öffentlichen Hand, der Konsumenten, der freien Berufe. Ist zu erwarten, daß durch diese Umgestaltung der Reichswirtschaftsrat arbeitsfähiger, sein Einfluß stärker werden wird?

Läßt sich die Funktion des Reichswirtschaftsrats als „*Repräsentation*" kennzeichnen?

Worin gleichen, worin unterscheiden sich die *persönliche Rechtsstellung* des Mitglieds des Reichswirtschaftsrats und des Reichstags?

## Verwaltung.

Unter den *fünf klassischen Ministerien* (Auswärtiges, Inneres, Krieg, Finanz, Justiz) nimmt das *Ministerium des Innern* eine Sonderstellung ein. Wie läßt sich diese umschreiben?

Welcher grundlegende Unterschied bestand in der Organisation der obersten Staatsbehörden zwischen dem Deutschen Reich von 1871 einerseits, dem preuß. Ministerium andererseits? Welche Veränderungen brachte das sog. *Stellvertretungsgesetz* vom 17. März 1878? Welche innere Bedeutung hat die Umwandlung vom Reichsamt in Ministerium, vom Staatssekretär in Minister nach 1918?

Man bezeichnete die Reichsämter häufig als „*Wasserköpfe*"; was besagt dieser Ausdruck? Welches Organisationsprinzip liegt zugrunde? Welche Hauptfunktionen hatten diese „Köpfe" wahrzunehmen? Welche Reichsämter hatten schon damals einen „Leib"?

Welche Fortschritte hat die *reichseigne Verwaltung* seit 1919 gemacht? Welche Reichsministerien besitzen auch heute noch keinen eignen Unterbau? Welche organisationspolitische Bedeutung hat es, daß das Reichsministerium des Innern zu dieser Gruppe gehört?

Das Reich beabsichtigt, die gesamte Justizverwaltung zur Reichsbehörde zu machen. Es ist ein Entwurf zu skizzieren, durch welche Gesetze und Gesetzesänderungen dieser Plan verwirklicht werden könnte. Welche Bestimmungen des Entwurfs würden verfassungsändernden Charakter tragen?

An welchem Punkte der Reichsbehördenorganisation sind folgende Stellen einzugliedern: Büro des Reichspräsidenten; Reichskanzlei; Vereinigte Presseabteilung der Reichsregierung; Reichsgesundheitsamt; Bundesamt für Heimatwesen; Filmoberprüfstelle; Prüfstelle für Schund- und Schmutzschriften; Reichsgericht; Reichsfinanzhof; Rechnungshof des Deutschen Reiches; Reichswirtschaftsgericht; Kartellgericht; Reichsversicherungsamt; Reichskanalamt in Kiel; Abteilung des Reichspostministeriums in München; Reichssparkommissar? (Zur Beantwortung ist der letzte Band des Handbuchs für das Deutsche Reich zu benutzen.)

Der organisatorische Unterbau des *Reichsfinanzministeriums*, des *Reichswehrministeriums*, des *Auswärtigen Amtes* und des *preuß. Ministeriums des Innern* ist miteinander zu vergleichen. Läßt sich die Behauptung rechtfertigen, daß der jeweilige Organisationstypus der Besonderheit der Verwaltungsaufgaben entspricht?

Der Staat kann sich bei Erfüllung seiner Aufgaben der verschiedensten Organisationsformen bedienen. Die charakteristischen Einzelmerkmale folgender *Grundtypen* sind zusammenzustellen: Reichsverwaltung — Reichsauftragsverwaltung — Landesverwaltung — Kommunale Selbstverwaltung; wirtschaftliche Selbstverwaltung; öffentliche Anstalt (mit eigner Rechtspersönlichkeit — ohne eigne Rechtspersönlichkeit — Regieverwaltung); öffentliche Verwaltung unter Benutzung von Gesellschaftsformen des Privatrechts.

Was versteht man unter: Hoheitsverwaltung; (öffentliche) Behörde; Sondervermögen; Fond; öffentliche Körperschaft?

Die *organisatorische Eigenart* folgender „Verwaltungen" ist an Hand der für sie maßgeblichen Gesetze herauszuarbeiten und festzustellen, ob und inwieweit sie sich einem der obengenannten Organisationstypen zuordnen lassen: Reichsversicherungsanstalt für Angestellte (Angestelltenversicherungsges. v. 28. Mai 1924); Reichsanstalt für Arbeitsvermittlung und Arbeitslosenversicherung (Ges. v. 12. Oktober 1929); Reichspost (Reichspostfinanzges. v. 18. März 1924); Reichsbahn (Reichsbahnges. v. 13. März 1930); Reichsbank (Bankges. v. 30. August 1924; Ges. v. 13. März 1930).

Die *Organisation der preuß. inneren Verwaltung* ist schematisch so darzustellen, daß der Gegensatz von Staats- und Selbstverwaltung, die Beziehungen von staatlichen und Selbstverwaltungsbezirken und -behörden hervortreten.

Welches ist der Gegensatz von *Auftragsverwaltung* und *Verwaltung eigner Angelegenheiten*? Wodurch unterscheidet sich Reichsaufsicht und Kommunalaufsicht? Ließe sich die Tätigkeit der Reichsbehörden im Rahmen der (geplanten) Reichsauftragsverwaltung unter die Reichsaufsicht des Art. 15 RV. bringen?

In welcher Weise ist in Preußen für eine *Verbindung mit der allgemeinen Landesverwaltung* auf folgenden Sonderverwaltungsgebieten gesorgt: Forstverwaltung, Schulverwaltung, Gewerbeaufsicht, Landeskulturverwaltung, Bergverwaltung?

Wodurch ist die Einheit der Staatsverwaltung bei den *Ortspolizeibehörden* gewährleistet? Aus welchen Gründen wird in Preußen neuerdings in steigendem Maße die Ortspolizei an Polizeipräsidenten und -direktionen übertragen?

Welchen preuß. Einrichtungen entsprechen die *bayerischen* Regierungen, Kreistage, Kreisausschüsse; Bezirke und Bezirksämter, Bezirkstage, Bezirksausschüsse?

Was ist durch den Gegensatz von *politischer und körperschaftlicher Selbstverwaltung* gekennzeichnet? Welche Bestimmungen der RV. und der preuß. Verf. lassen sich der einen und der anderen zuordnen? Welche der beiden Formen entspricht der Theorie vom „*pouvoir municipal*“?

*Selbstverwaltung* (insbesondere in ihrer Ausprägung der kommunalen Selbstverwaltung) wird von jeher als eine *demokratische Organisationsform* gekennzeichnet. Wie ist es zu erklären, daß die Gemeinden in den letzten Jahrzehnten monarchischer Staatsform Aufschwung und Blüte erlebten, während unter der demokratischen Weimarer RV. ein ständiger Rückgang der Bedeutung der kommunalen Selbstverwaltung zu bemerken ist (oder zum mindesten behauptet wird)? (Vgl. die grundlegenden Reformideen der Befreiungskriege in der „Nassauer Denkschrift“ von 1807 des Frh. vom Stein).

Auf welchen Gebieten besitzt das *Reich* unmittelbaren Einfluß auf die kommunalen Selbstverwaltungskörper?

Man pflegt in der kommunalen Selbstverwaltung drei *Grundtypen* zu unterscheiden: Magistrats-, Bürgermeister-, Gemeinderatssystem. Welches sind die wichtigsten Beispiele für jeden dieser Typen in den Kommunalgesetzen der deutschen Länder? Welchem Kommunalorgan läßt sich vergleichen der Bundesrat, der Reichskanzler (Bismarcks RV), das Reichsministerium?

Preußen will die Stadt Y der Stadt X eingemeinden. Der Bürgermeister von Y behauptet, dies könne durch einfaches Gesetz nicht geschehen; Art. 127 RV. und Art. 70 pr. Verf. sichere jeder Gemeinde ein Recht auf selbständige Existenz. Kann die Gemeinde Y den StGH. anrufen? Wie wird dieser entscheiden?

Der preußische Innenminister hatte im Juli 1925 eine Anweisung an die ihm unterstehenden Behörden erlassen, am Verfassungstage auf den Amtsgebäuden die Reichsflagge Schwarzrotgold zu hissen. Der Magistrat von H. lehnte die Beflaggung mit der Begründung ab, daß die Stadt keine Flagge in den Reichsfarben besitze. Der zuständige Regierungspräsident in A. wies darauf den Bürgermeister von H. an, den Beschluß des Magistrats zu beanstanden, und ordnete zugleich an, daß eine Reichsflagge aus städtischen Mitteln zu beschaffen sei.

Kann der Magistrat hiergegen vorgehen? In welcher Form? Wird er Erfolg haben?

Der Finanzminister des Landes B. hat einen Erlaß herausgegeben, wonach sämtliche Baugenossenschaften, die Hauszinssteuerhypotheken bekommen haben oder bekommen wollen, die Verpflichtung übernehmen müssen, an den Tagen, an denen auf staatlichen Gebäuden in den Reichs- und Landesfarben geflaggt ist, auch ihrerseits die gleichen Fahnen auf den von den Genossenschaften erstellten Häusern zu zeigen.

Die Genossenschaft N. in R., die bereits mehrfach Hauszinssteuerhypotheken bekommen hat und weitere erhalten will, fragt an, ob eine solche Verpflichtung verfassungsrechtlich *überhaupt zulässig* sei. Insbesondere zieht sie in Zweifel,

1. daß eine solche Verpflichtung für die bereits erstellten und bewohnten Häuser begründet werden könne,
2. daß sie eine derartige Verpflichtung ihren Genossen gegenüber wirksam durchsetzen könne,
3. daß dem Lande B. rechtlich zulässige Mittel zur Verfügung stünden, die Verpflichtung praktisch durchzusetzen.

Welche Auskunft ist der Genossenschaft zu geben?

# Beamte.

Ist der bekannte *Ausspruch Friedrichs des Großen*: „*Ich bin der erste Diener meines Staates*" für sein Zeitalter staatsrechtlich begründet? Widerspricht er dem Ausspruch Ludwigs XIV.: „L'Etat c'est moi?" Welcher grundsätzliche Unterschied besteht zwischen der Stellung des „landesherrlichen Dieners" und der des modernen Beamten? Welche Wandlung von der Auffassung des Staats zeigt sich in dieser Einzelheit?

Worauf ist es zurückzuführen, daß die BISMARCKsche RV. im Gegensatz zur Weimarer RV. keine Grundsätze über das Beamtenrecht enthielt? Aus welchen Gründen hielt es die Weimarer RV. für notwendig, die *Grundfragen des Beamtenrechts* nicht nur für das Reich, sondern für *alle* Körperschaften, welche Beamte in ihrem Dienst haben, teils selbst zu regeln, teils die Möglichkeit zur reichsrechtlichen Regelung offen zu halten? Unter diesem Gesichtspunkt sind die beamtenrechtlichen Bestimmungen der RV. zusammenzustellen; welche enthalten aktuelles Recht (Reichsrecht und Landesrecht), welche bloße Programmpunkte? (Für die Beantwortung der letzten Frage ist die Rspr. des RG. heranzuziehen.)

Was besagt es, wenn man nach dem Vorbild von C. SCHMITT die Beamtengrundrechte der RV. als „*institutionelle Garantie*" bezeichnet? Welche Beamtengrundrechte verleihen den Beamten „*subjektive öffentliche Rechte*"? Wie ist das Verhältnis dieser beiden Begriffe zueinander?

Aus welchen rechtspolitischen Gründen hat man gerade in zwei wichtigen Beamtengrundrechten den *ordentlichen Rechtsweg* offen gehalten? Welches ist der Grundsatz dieser beiden Grundrechte?

Welcher Gefahr ist das *Berufsbeamtentum im demokratisch-parlamentarischen Staate* ausgesetzt? Wie hat die Weimarer RV. versucht, dieser Gefahr zu begegnen? Welche Verfassungsänderungen wären erforderlich, um das Berufsbeamtentum vollständig zu „neutralisieren"?

Welche Unterschiede bestehen in der Rechtsstellung der sog. „*politischen Beamten*", der „gewöhnlichen" Verwaltungsbeamten, der Richter, der Hochschullehrer?

Je ein Beamter dieser Gruppen

a) beteiligt sich an einem Volksbegehren einer „staatsfeindlichen" Partei;
b) wählt eine staatsfeindliche Partei bei der Reichstagswahl und bestätigt dies auf Anfrage seiner vorgesetzten Behörde;
c) tritt durch Unterschrift seines Namens unter einen Aufruf für ein Volksbegehren ein, das seinem Inhalte nach der amtierenden Reichsregierung Hochverrat vorwirft;
d) beteiligt sich an einer einem wissenschaftlichen Vortrage folgenden Aussprache und erklärt hier, er halte die Monarchie — den Kommunismus nach räterussischem Muster — für die beste Staatsform.

Kann in diesen Fällen gegen die einzelnen Beamten vorgegangen werden? Gegebenenfalls mit welchen Mitteln?

Die Landeskirche ist durch die Wirtschaftskrise in große Bedrängnis geraten; auf dem nach den kirchenrechtlichen Normen ordnungsgemäßen Wege werden aus Ersparnisgründen die in den letzten drei Jahren angestellten Kirchenbeamten wieder entlassen, ohne daß ihnen Wartegeld oder Ruhegehalt gewährt würde; das Diensteinkommen sämtlicher Kirchenbeamten wird um 25 % gekürzt. Ist das nach der RV. zulässig?

Ein Geistlicher ergeht sich in seiner Sonntagspredigt in Andeutungen, in der Gemeinde sei ein schwarzes Schaf, und dieses müsse aus der Herde entfernt werden. Wissende verbreiten nach dem Gottesdienst, die Äußerungen bezögen sich auf den Kaufmann X., der Betrügereien begangen habe (politisch unzuverlässig sei — in einer Privatgesellschaft eine Äußerung getan habe, die einer Gotteslästerung gleichkomme). Niemand kauft mehr bei X., der nach drei Monaten Konkurs anmelden muß. X. klagt gegen die Gemeinde (die Landeskirche) auf Schadenersatz; wird er Erfolg haben?

Sind nachstehend aufgeführte Personen „*Beamte*"? Bekleiden sie ein „*Amt*"? Sind sie „*Behörde*"? Sind sie „*Staatsorgan*"? „*Repräsentieren*" sie den Staat?

Reichspräsident; Reichsminister; preußischer Minister; Reichstagsabgeordneter; stellvertretender Bevollmächtigter zum Reichsrat; Mitglied des Reichswirtschaftsrats; Wahlvorstand; Präsident des Rechnungshofs; Referendar; Amtsrichter; Präsident des Reichsgerichts; Rechtsanwalt; Notar; Schöffe; Geschworener; Handelsrichter; Konkursverwalter; Gerichtsvollzieher; Landeshauptmann; Mitglied des Provinzialausschuß, des Bezirksausschuß, des Kreisausschuß, des Kreistags, der Stadtverordnetenversammlung; Kreisdeputierter; Ehrenamtlicher Beigeordneter; der Präsident, der Syndikus einer Handelskammer; Vormund; Berufsvormund; Hochschullehrer; Volksschullehrer; Soldat; Offizier; Militärarzt; Zahlmeister; Gesandter; Wahlkonsul; der in der Staats- (Kommunal-) Verwaltung beschäftigte Dauerangestellte, wenn ihm hoheitliche Befugnisse (nicht) übertragen sind.

Muß die Beantwortung, ob die Genannten „Beamte" sind, verschieden ausfallen, je nachdem, ob es sich um einen Tatbestand handelt, der unter folgende Normen fällt: Art. 129 Abs. 1 S. 1, 3 und 4; 129 Abs. III; 130 Abs. I, II und III; 131 RV; § 359 StGB.?

Kann ein Landesgesetz folgende Bestimmungen treffen?

a) Die Bezüge sämtlicher Beamter werden um 10 % gekürzt.
b) Von den Bezügen sämtlicher Beamter wird zugunsten des Landes eine Diensteinkommensteuer in Höhe von 10 % des Bruttogehalts erhoben.
c) Frei werdende Stellen sind, soweit keine geeigneten Anwärter vorhanden sind, nötigenfalls mit zur Zeit entbehrlichen Beamten höheren Ranges zu besetzen; die Beamten beziehen ihr bisheriges Diensteinkommen weiter.

d) wie c, jedoch: für die Dauer ihrer Beschäftigung beziehen die Beamten das Diensteinkommen, welches planmäßig für die Stelle, auf der sie Verwendung finden, vorgesehen ist.

Kann eine Notverordnung des Reichspräsidenten die Landesregierungen zur Vornahme entsprechender Anordnungen ermächtigen?

Ein Lehrer wird nach § 59 Z. 1 des preußischen Volksschulunterhaltungsgesetzes vom 28. Juli 1906 gewählt, jedoch nicht bestätigt, weil er Dissident ist. Er klagt vor den ordentlichen Gerichten sein Gehalt ein. Wird er Erfolg haben?

M., der Leiter des Wohlfahrtsamtes einer preußischen Stadt, ist auf Privatdienstvertrag mit vierwöchentlicher Kündigung angestellt, eine Anstellungsurkunde nach § 1 II pr. Kom.Beamt.Ges. ist ihm nicht ausgehändigt worden. Die Stadt kündigt ihm zum nächsten Termin aus Sparsamkeitsrücksichten. M. klagt vor den ordentlichen Gerichten auf Fortzahlung seines Gehaltes mit der Begründung, er sei durch Betrauung mit hoheitlichen Funktionen Beamter auf Lebenszeit geworden. Wie wird das Reichsgericht entscheiden? — M. hat ihm anvertraute Gelder unterschlagen; die Stadt leitet gegen ihn ein Disziplinarverfahren mit dem Ziele der Dienstentlassung ein. Wie wird das preuß. OVG. entscheiden? — Wie wäre die Entscheidung, wenn die Stadt M. nachträglich eine Anstellungsurkunde aushändigt und nunmehr das Disziplinarverfahren gegen ihn betreibt?

Vgl. hierzu: RGZ. **37**, 225; JW. **1917**, 539; RGZ. **89**, 297; **90**, 260; PrOVG. **18**, 55; **69**, 215; **73**, 257; **74**, 269; JW. **1930**, 2155.

Welche Theorien werden über die *Rechtsnatur der Beamtenanstellung* vertreten?

# Die Funktionen der Staatsgewalt.

## Grundbegriffe und System.

*Welche Gewalten* (μόρια) unterscheidet ARISTOTELES? Was bedeutet diese Unterscheidung bei ihm? Auf welche *Behörden* waren die Gewalten im griechischen Stadtstaat verteilt? (Am Beispiel Athens zu erläutern.) Was versteht man unter status mixtus? Wer vertritt im Altertum und im Mittelalter dieses Verfassungsideal? (Vgl. POLYBIOS [Reclam Nr. 6210] Buch VI c. 3—18.) Was versteht man im Mittelalter unter der translatio imperii, und welche Bedeutung hat dieser Begriff für das Staatsrecht des alten Reiches? Wodurch unterscheidet sich der Gesetzesbegriff des Hobbes von dem des Locke? (Vgl. Leviathan c. 26 mit Two treatises of civil government II 11.) Welche Gewalten unterscheidet Locke? Was versteht er unter *federative power* (a. a. O. c. 12 § 146)? Warum ist sie *nicht an Gesetze gebunden*? Welche Stellung hat bei ihm die *prerogative power* (a. a. O. c. 14)? Wer übt sie aus? Wie ist der Staat (the well-framed government) vor ihrem Mißbrauch geschützt?

Wie ist bei Bolingbroke (Das Bild eines patriotischen Königs, Reclam Nr. 6273) der Gedanke der Gewaltenteilung mit dem des status mixtus verbunden? Wie ist bei ihm die Verbindung der getrennten Gewalten sichergestellt? Welche Bedeutung haben seine Gedanken (in der Form des „Wahren Parlamentarismus“) für die Vorgeschichte der Weimarer Verfassung gehabt und wie sind sie in ihr verwirklicht?

Welchen entscheidenden Fortschritt bringt die Lehre Montesquieus (Esprit des lois XI 2, 6)? Welches *Ziel* soll die Gewaltenteilung erreichen? Wie ist bei M. das Zusammenspiel der Gewalten sichergestellt? In welcher Verfassung der Aufklärungszeit sind seine Ideen am reinsten durchgeführt? (Vgl. dazu den Federalist, die Materialien der Bundesverfassung der USA.) In welcher Richtung ist später sein Begriff der Exekutive verengert worden?

Liegt die Idee der *Gewaltenteilung* auch der *Reichsverfassung* und den *deutschen Landesverfassungen* zugrunde? Dies ist an Hand folgender Artikel zu prüfen: Art. 1, 45, 46, 47, 49, 50, 54, 68, 102, 103 RV. und z. B. Art. 2, 3, 29, 7, 8, pr. Verf. Welches sind im Reich die Hauptträger der Legislative?

Thoma spricht im Handbuch d. dt. StR. II, 119 von einer „Aufspaltung der Spitze der Exekutive“. Dies ist zu belegen. In welcher Weise beaufsichtigt und kontrolliert a) die Legislative die Exekutive, b) diese jene, c) die Rechtsprechung beide, d) jede von ihnen die Rechtsprechung? (Nachweise aus dem Staats- und Verwaltungsrecht.)

Welches sind die üblichen *Ausnahmen* von dem Schema der Gewaltenteilung? Welche verwaltenden und richterlichen Funktionen hat der Reichstag? Welche rechtsetzenden und rechtsprechenden die Verwaltung? Wo hat die Justiz Satzungs- und Verwaltungsbefugnisse? Sind in der Diktaturgewalt des Art. 48 alle drei Funktionen vereinigt?

Welche weiteren Ausnahmen erfährt das Schema durch den *bundesstaatlichen* Aufbau des Deutschen Reichs? Wie sind die Zuständigkeiten (Primat der Rechtssetzung, Primat der Verwaltung) „stockwerksweise" verteilt? — Neuerdings wird oft behauptet, die Einheit der Staatsgewalt werde gefährdet durch den modernen „Pluralismus" (CARL SCHMITT), durch eine „Polykratie" (POPITZ). Was ist damit gemeint, und was kann man zur Unterstützung dieser Anschauungen anführen? Auf etwa derselben Linie liegt es, wenn man vor Rückkehr zu einem *Ständestaat* warnt und von ihr Auflösung der Einheitlichkeit des Staatsbegriffes befürchtet. Worin liegt der Hauptunterschied des früheren Ständestaates zum modernen Staat? Dies ist zu entwickeln am Beispiel der staatlichen Willensbildung (Rezeß einer-, Beschluß andererseits).

Welchem politischen Ideenkreis ist die Lehre von der Gewaltenteilung geistesgeschichtlich zuzuordnen? Ist sie verträglich mit dem Gedanken der Demokratie (vgl. ROUSSEAU contr. soc. II 2)? Die Weimarer Verfassung stellt einen *Mischtypus* einer „konstitutionellen Demokratie" dar. Aus der Verfassung sind Überschneidungsstellen dieser beiden Prinzipien nachzuweisen. Was bedeutet in diesem Zusammenhang der zweite Teil der Verfassung? Liegt insbesondere im Volksentscheid ein Stück unmittelbarer, „egalitärer" (THOMA i. HdbStR. I, 191) Demokratie? Durchbricht er den Grundsatz der Gewaltenteilung?

Was versteht man unter *Souveränität*? Wer stellt diesen Begriff als erster auf? Was wollte Bodinus (de re publica Buch I c. 1, 8, 10) politisch damit erreichen? Worauf bezieht sich der Ausspruch Friedrich Wilhelm I., daß er seine souverainité stabilisieren wolle wie einen rocher de bronce?

Wie definiert man Monarchie? Wie Demokratie? Ist Demokratie ein reines Formprinzip oder ist sie „durch einen Inhalt zusammengehaltene Staatsform" (Smend Verfassung und Verfassungsrecht S. 113). Wenn ja, welches ist ihr spezifischer Wertgehalt? Gibt es eine demokratische Legitimität? Die verschiedene Art der Legitimierung von Monarchie und Demokratie ist an Hand der Begriffe des Gottesgnadentums und der Volkssouveränität gegenüberzustellen.

Gibt es heute einen Begriff der materialen Gesetzgebung, einen der materialen Rechtssprechung oder einen der materialen Verwaltung? Auf welche Weise muß man heute vorgehen, wenn man diese drei Staatsfunktionen voneinander abgrenzen will?

Was versteht man unter *Gesetzmäßigkeit der Verwaltung*? Gilt dieser Grundsatz nach der Weimarer Verfassung? Wo ist er in ihr ausgesprochen? Was bedeutete der Kampf um Bindung der Verwaltung an das Gesetz (ist dabei Gesetz im materiellen oder im formellen Sinne gemeint?) politisch?

Was ist der Unterschied zwischen *Rechts- und Verwaltungsverordnungen*? Wer erläßt diese, wer jene nach der Reichsverfassung? Wie ist die Regelung in Preußen? Was ist eine Organisations-, was eine Ausführungs-, was eine Durchführungsverordnung? Bedurften Akte der Kommandogewalt des preußischen Königs der Gegenzeichnung? Wann wurde das geändert?

Es ist darzulegen, auf Grund welcher Fiktionenkette man die Behauptung vom „*geschlossenen Stromkreis der Verfassung*“ aufstellen kann derart, daß jeder Beamter bei jeder rechtsmäßigen Amtshandlung den Willen des Volkes verkörpere. In welcher Weise ist diese Abhängigkeit und Kontrolle auf den einzelnen Stufen (Volk, Reichstag, Reichsregierung und -minister, Beamter) gesichert?

Eine weitere rechtsstaatliche Forderung geht auf *richterliche Kontrolle* möglichst sämtlicher Akte der Behörden, insbesondere derjenigen, durch die in Rechte des Staatsbürgers eingegriffen wird. Auf welchen Wegen wurde die Verwirklichung dieses Ideals im 19. Jahrhundert versucht? Was bestimmte die Paulskirchenverfassung über die Verwaltungsgerichtsbarkeit (§ 182)? Wie nennt man die hier vorgeschriebene Regelung? Wer ist dagegen der Vater der modernen preußischen Verwaltungsgerichtsbarkeit?

## Gesetzgebung (Weg).

Was versteht man unter *Gesetz im formellen* und im *materiellen Sinne*? Welcher Begriff liegt z. B. den Art. 18, 41 Abs. 3, 45 Abs. 3, 49 Abs. 2, 51 Abs. 1, welcher den Art. 102, 109, 153, welcher der Legaldefinition der Reichsjustizgesetze zugrunde? In welchem Sinne wird er im 5. Abschnitt der RV. gebraucht? In welchen Fällen schreibt die RV. ein *formelles Gesetz* vor? Liegt darin ein System? Wie ist es insbesondere geschichtlich zu erklären, daß der *Haushaltsplan* in Form eines Gesetzes verabschiedet wird?

Wie war der *Weg der Gesetzgebung* nach der BISMARCKschen RV.? Welcher Unterschied bestand zwischen dem Verfahren bei einfachen und bei verfassungsändernden Gesetzen? — Heute gehen die föderalistischen Reformwünsche u. a. dahin, dem Reichsrat, ähnlich wie früher dem Bundesrat, statt eines bloßen Einspruchrechtes das Recht der Zustimmung zu den Reichsgesetzen zu geben. Wie müßte ein Gesetz lauten, das diesen Vorschlag durchführte?

Je ein Schema des Verfahrens bei einfachen und bei verfassungsändernden Gesetzen ist zu entwerfen. Dabei sind einzubeziehen die fünf Stellen mit Initiativrecht, die zwei Beschlußberechtigten und beim Reichstag die vier (welche?) Möglichkeiten der Hemmung des Beschlusses.

Eine Reichstagsfraktion beantragt Beschluß eines Gesetzes, wonach jeder, der einen Feind der Republik beseitigt, eine Belohnung von 500 RM. erhält. Von einer Landtagsfraktion wird ein Gesetz beantragt, demzufolge bis auf weiteres evangelische Beamte nicht zu befördern, evangelische Beamtenanwärter nicht einzustellen sind. — Muß der Reichstags- oder Landtagspräsident über diese Anträge abstimmen lassen?

Ein „volksbegehrter“ Gesetzesentwurf wird dem Reichstag nach Art. 74 III unterbreitet. Eine Landesregierung rügt Übergehung des Reichsrats bei der Einbringung und will den Streitfall dem Staatsgerichtshof unterbreiten mit der Begründung, die Verletzung der Reichsratsrechte sei Verletzung auch von Länderrechten. Wie ist die Rechtslage?

Der Reichsrat legt Einspruch gemäß Art. 74 gegen ein vom Reichstag beschlossenes Gesetz ein. Unter Verletzung von § 52 der GeschO. d. Reichstags wird das Gesetz im abgekürzten Verfahren nach *einer* Lesung vom Reichstag erneut beschlossen, und zwar jetzt mit Zweidrittelmehrheit. Die Reichsregierung weigert sich, das Gesetz auszufertigen. Mit Recht? Wer entscheidet im Streitfall?

Der Reichspräsident schließt einen Handelsvertrag mit Polen. Er wird ratifiziert. Nachträglich stimmt der Reichstag zu. Kann der Reichsrat gegen diesen Beschluß Einspruch einlegen?

Die Reichsregierung legt dem Reichsrat einen Gesetzentwurf des Inhalts vor, daß das Wahlalter bei den Reichstagswahlen von 20 auf 25 Jahre hinaufgesetzt wird. Der Reichstag setzt das Wahlalter auf 21 Jahre herauf. Im Reichsrat wünschen mehrere Länder, daß Einspruch eingelegt werde, die einen, weil sie es beim alten lassen wollen, die anderen, weil sie für Heraufsetzung des Wahlalters auf 25 Jahre sind. Wievieler Stimmen im Reichsrat bedarf es zur Erhebung des Einspruches? Wievieler zu seiner Begründung im einen oder im anderen Sinne? Sind die beiden Begründungen nebeneinander zulässig? Kann der Reichsrat den gültig erhobenen und begründeten Einspruch zurückziehen? Mit wieviel Stimmen? Bis zu welchem Zeitpunkt? Wer entscheidet im Streitfall?

Bei den Abstimmungen sind im Reichsrat alle Stimmen vertreten. Stimmenthaltungen kommen nicht vor.

Auf welche Weise kann der *Reichspräsident*, handelnd oder unterlassend, in den Gang der Gesetzgebung eingreifen? Welche obersten Reichsorgane können einen Volks*entscheid* veranlassen?

Bei einem Volksbegehren stellt ein Beamter Gegnern des Volksbegehrens Auszüge aus den Listen zur Verfügung. Mehrere Zeitungen veröffentlichen daraufhin die Namen der Gewerbetreibenden und Kaufleute, die sich eingetragen haben, mit der Aufforderung, ihre Läden zu boykottieren. Ein Kaufmann, der davon betroffen ist, klagt auf Schadenersatz. Gegen wen ist die Klage zu richten und wie ist sie zu begründen?

Vgl. dazu die Entscheidung über das „*Freiheitsgesetz*", L-S. II 72ff., 80ff. = RGZ. **126** Anh. S. 1; **127** Anh. S. 1; R. u. Pr. Verw.-Bl. **50**, 779; **51**, 153.

Ein volksbegehrter Gesetzentwurf wird vom Reichstag abgelehnt. Gilt für den folgenden Volksentscheid die Vorschrift von Art. 75?

Der Reichstag lehnt einen ihm auf Grund eines erfolgreichen Volksbegehrens vorgelegten Gesetzentwurf mit dem Titel: „Gesetz gegen die Zinsknechtschaft des deutschen Volkes" ab; in ihm wird das Zinsnehmen für nichtig erklärt und unter Strafe gestellt. Der Entwurf wird durch Volksentscheid Gesetz. Kann der Reichstag dieses Gesetz aufheben?

Im Zusammenhang mit diesem Fall ist das Problem des Vorrangs volksbeschlossener vor parlamentsbeschlossenen Gesetzen sowie das von unmittelbarer und repräsentativer Demokratie zu untersuchen.

Der Reichstag beschließt mit einfacher Mehrheit zur Vorbereitung der Reichsreform ein „Verwaltungsrahmengesetz", in welchem einheitliche Vorschriften für den Aufbau der Länderverwaltungsorganisation gegeben werden; er beruft sich zum Nachweis seiner Zuständigkeit auf Art. 9. Eine überstimmte Minderheit bestreitet, daß ein Bedürfnis für einheitliche Regeln vorliege. Auf welche Weise kann sie gegen das Gesetz vorgehen?

Wie ist beim Gesetzgebungsverfahren der Gedanke der *Balancierung der Gewalten* verwirklicht? Wie der weitere Grundsatz: Das Volk soll in seiner Richterrolle erhalten bleiben? (Schema; vgl. Carl Schmitt, Verf.-Lehre S. 197f.)

# Gesetzgebung (Umfang und Grenzen).

Was versteht man unter der „*Herrschaft des Gesetzes*"? Woher stammt diese Vorstellung und wie ist sie geschichtlich zu erklären? Kann man von einer „Herrschaft des Gesetzes" schon beim aufgeklärten *Absolutismus* („Ich bin der erste *Diener* meines *Staates*") reden?

Die Frage ist zu beantworten an Hand der Einleitung zum ALR. Zur Entwicklung des Gesetzesbegriffs vgl. u. a. ROUSSEAU, im Contrat social; Kapitel II 3 u. 6, IV 1 u. 2. Nach R. ist ein Gesetz allein deswegen verbindlich („legitim"), weil es der volonté générale entstammt. Wie ist das zu erklären?

Wie steht es mit der Gültigkeit der preußischen Gesetze, durch welche nach dem Kriege von 1866 verdienten preußischen Generälen unter Namensnennung aus der Beute größere Kapitalien zu Fideikommißzwecken zugeteilt wurden? Verstoßen sie nicht gegen den Grundsatz der *Allgemeinheit des Gesetzes*? Was bedeutet dieser Grundsatz, wie ist er geistesgeschichtlich zu erklären? Wird er heute noch vertreten? Wie läßt sich im besonderen seine These, daß abstrakte Allgemeinheit eines Gesetzes auch materiale Gerechtigkeit verbürge, begründen?

Der absolute Herrscher konnte — wie sein Nachfahre, die Polizei — nach seiner Wahl beliebig allgemeingültige oder nur für den Einzelfall bestimmte Anordnungen erlassen. Kann das der Reichstag auch? — Das ist an Hand folgender Fälle zu prüfen: Der Reichskanzler X. wird des Landesverrats für schuldig erklärt und des Landes verwiesen. Einfaches oder verfassungsänderndes Gesetz? Gültig oder nicht? — Der Reichsgerichtspräsident wird in den Ruhestand versetzt. — Ein Reichsgerichtsurteil in einer politischen Strafsache wird aufgehoben, die zu Zuchthaus Verurteilten werden in Freiheit gesetzt. — Die Pension des Generals X. ist fortab nicht weiter zu zahlen.

Ist das „*Reichsgesetz*" irgendwo in der Verfassung definiert? Woher ist der Begriff zu entnehmen?

Bei einer Gesetzesvorlage ist es zweifelhaft, ob sie verfassungsändernd ist oder nicht. Der Reichstag beschließt mit einfacher Mehrheit zunächst, daß das Gesetz nicht verfassungsändernd sei und dann das Gesetz selber. Ist das zulässig? Wie kann sich die Minderheit, wie der einzelne Staatsbürger dagegen wehren? Wie ist die Rechtslage, wenn im Reichsrat zwei Fünftel das Gesetz für verfassungsändernd halten und Einspruch einzulegen wünschen?

Muß bei jeder Verfassungsänderung auch der *Text* der Verfassung geändert werden? Wie war die deutsche Staatspraxis im Kaiserreich? Wie ist sie in den USA.?

Was versteht man unter *Verfassungsdurchbrechung*? Ist sie zulässig? Ist z. B. ein sog. Abdrosselungsgesetz gültig, d. h. eine ad hoc eingebrachte Vorlage, die ein drohendes Volksbegehren oder einen Volksentscheid im Wege des Art. 76 für den konkreten Einzelfall, weil es der Reichstagsmehrheit unangenehm ist, für unzulässig erklärt? Wie steht es dagegen mit einer Änderung (nach Art. 76), welche die Volksgesetzgebung als *Verfassungsinstitut* durch Änderung der Art. 73, 74 und 76 aufhebt?

In einem neugewählten Reichstag besitzt die NSDAP. die Zweidrittelmehrheit. Mit ihr wird im Reichstag unter Wahrung der Formvorschriften des Art. 76 ein Gesetz beschlossen, nach welchem künftig stimmberechtigt zu allen politischen Wahlen nur sind Parteiangehörige der NSDAP. und Kriegsteilnehmer. Der Reichsrat verzichtet auf Einspruch. 1. Ist der Verzicht zulässig? 2. Wieviel Stimmen müssen dafür sein? 3. Muß der Reichspräsident das Gesetz verkünden?

Mit welchen Begründungen hat man eine Eingrenzung der „*schrankenlosen Souveränität*“ des Gesetzgebers versucht? Wie entscheidet die katholische Doktrin? Was bedeutet in diesem Zusammenhang die Lehre vom pouvoir constituant? Ist der Gesetzgeber an materiale Gerechtigkeitsnormen gebunden, und wer entscheidet über ihren Inhalt?

Ist der Staatsbürger verpflichtet, einem — bei Bestehen des Versailler Vertrages erlassenen — Reichsgesetz Folge zu leisten, das die allgemeine Wehrpflicht wieder einführt? Wäre dazu — wenn die völkerrechtlichen Fesseln fehlten —, einfaches oder verfassungsänderndes Gesetz erforderlich? (Art. 133!)

Das Reich führt ein Verkaufsmonopol für Tabakwaren in der Art ein, daß es mit dem Neuerburg-Reemtsma-Konzern einen Vertrag schließt, nach dem diesem Konzern der Alleinvertrieb von Tabakwaren aller Art für 10 Jahre unter Gewinnbeteiligung des Reiches zugesichert wird. Dem Gesetz, das das Verkaufsmonopol einführt, ist als Anlage und integrierender Bestandteil der Vertrag beigefügt. Es ergeht in der Form, daß seine Abänderung nur unter den Bedingungen des Art. 76 zulässig ist.

1. Ist eine solche Selbstbindung des Gesetzgebers zulässig?
2. Kann die „unechte“ Verfassungsklausel durch einfache Mehrheit beseitigt werden?
3. Kann der Konzern, wenn das Reich vor Ablauf des Vertrages das Monopolgesetz nach Art. 76 aufhebt, auf Schadensersatz klagen?

Kann durch verfassungsänderndes Gesetz das von der Reichsverfassung für den Erlaß von Gesetzen vorgeschriebene Verfahren durch ein sog. *Ermächtigungsgesetz* vereinfacht werden? Die Frage ist an Hand der Ermächtigungsgesetze vom 13. Oktober 1923 (RGBl. I S. 943) und vom 8. Dezember 1923 (RGBl. I S. 1179) zu prüfen.

Welche Unterschiede nach Art und Umfang der Regierungsvollmacht weisen diese Gesetze auf?

In welcher Weise ist die „*Herrschaft des Gesetzes*“ gesichert? Welche Möglichkeiten hat der Reichstag, seinen Willen a) der Regierung, b) dem Reichspräsidenten, c) dem Reichsrat, d) dem Reichsvolk, e) einer Reichstagsminderheit, f) der Bürokratie, g) den Landesregierungen, h) den Gerichten gegenüber durchzusetzen? Wie ist außerdem der Vorrang des Gesetzes und die Einhaltung der Verfassungsvorschriften gesichert? (Präsidentielles Prüfungsrecht, der Reichspräsident als Hüter der Verfassung.)

Am Stammtisch der Referendare zu X. kommt das Gespräch auf die dauernden Provokationen des Staates Y. gegenüber dem Deutschen Reiche. A. sagt, man müsse dem endlich einmal entgegentreten; hülfe kein anderes Mittel, so solle eine verantwortungsbewußte Partei im Reichstag einen Gesetzentwurf einbringen: Dem Gesandten des Staates Y. werden sämtliche Vorrechte der

Exterritorialität entzogen. B. wendet ein, ein solches Gesetz sei auf jeden Fall unverbindlich. Völkerrecht breche Landesrecht. C. vertritt dagegen die Meinung, zulässig sei ein solches Gesetz, nur müsse es mit verfassungsändernder Mehrheit beschlossen werden. D. geht so weit zu behaupten, ein gewöhnliches Reichsgesetz genüge. E. hat schließlich Bedenken, ob ein solches Gesetz von einem Minister gegengezeichnet werden könne und ob der Reichspräsident es verkünden dürfe.

Was läßt sich für und wider diese einzelnen Meinungen anführen? Wie ist die ganze Frage zu beurteilen?

## Diktatur.

Welches sind die Unterschiede zwischen der Diktatur der römischen Republik und der der Reichsverfassung? Was versteht man (nach Carl Schmitt) unter *souveräner*, was unter *kommissarischer Diktatur*? Beispiele für beide? Zu welchem Typ rechnet die Diktatur der Weimarer Verfassung?

Wie ist die Diktatur nach Art. 48 Abs. 2 in das System der *Gewaltenteilung* einzuordnen? Ist es richtig, daß in der Diktatur ein Durchbruch der Souveränität liegt, so daß also der Reichspräsident nach Art. 48 Abs. 2 „Träger der Souveränität" sein würde?

Was verstand man unter dem altrechtlichen *Belagerungszustand*? War er ein reichs- oder ein landesrechtliches Institut? An welche Voraussetzungen war er gebunden? Wer verhängte ihn? Was waren seine Wirkungen? Woraus erklärt es sich, daß die sonst so rechtsstaatliche Weimarer Verfassung bei der Diktatur auf die formalen Kautelen des früheren Belagerungszustandes verzichtet?

Die Stellung des Kaisers und des preußischen Königs während des Belagerungszustandes und die des Reichspräsidenten nach Art. 48, II sind zu vergleichen (in einem dreigeteilten Schema, unter besonderer Berücksichtigung des *Notverordnungsrechtes*). Ferner sind Voraussetzungen und Umfang des Notverordnungsrechtes nach Art. 48 Abs. 2 der RV. und Art. 55 preuß. Verf. zu vergleichen.

Welche Fragen wären in dem *Ausführungsgesetz* zu Art. 48 Abs. 5 zu regeln? Warum ist dieses Gesetz bisher nicht ergangen?

Unterschied zwischen *Reichsexekution* und Diktaturgewalt? Wie verläuft *die Entwicklung der Reichsexekution* (Altes Reich, Deutscher Bund, BISMARCKsche RV.)? Ihre Stellung im System der bundesstaatlichen Beziehungen ist zu entwickeln. Ist die RE. schon einmal praktisch geworden?

Das Reich verlangt von einem Lande unter Drohung mit Reichsexekution das Unterlassen der Einstellung von Beamten aus einer radikalen Partei. Das Land klagt vor dem Staatsgerichtshof. Muß das Reich, wenn das Land sein Tun nicht einstellt, mit der Exekution bis zur Urteilsfällung durch den Staatsgerichtshof warten? Wie würde das Reich die Exekution praktisch durchführen?

Wie ist das durch verfassungsrechtliches Gewohnheitsrecht aus Art. 48 Abs. 2 abgeleitete *Verordnungsrecht* zu begründen? Welches ist sein Umfang, wie sein Rangverhältnis zur Reichsgesetzgebung und zur RV.?

Eine Not-Vo. nach Art. 48 Abs. II verbietet bis auf weiteres alle Versammlungen im Freien. Ihre Gültigkeit wird deshalb bezweifelt, weil der Gesetzesvorbehalt in Art. 123 Abs. 2 nur durch ein Gesetz im formellen Sinne erfüllt werde. Entscheidung?

Was versteht man unter *Grundrechtssuspension*? Welcher Kategorie von Grundrechten gehören die in Art. 48 Abs. 2 aufgeführten an? Ist die Aufzählung erschöpfend? Welche Wirkung hat die Aufhebung? (vgl. dazu RGStr. 59, 46). Welche Theorie vertritt CARL SCHMITT zu dieser Frage?

Zwischen Reichstag und Reichspräsidenten sind schwere Verfassungskonflikte entstanden. Die Reichsregierung steht auf seiten des Reichstages. Der Reichstag will den Reichspräsidenten absetzen, aber nicht auf dem Wege des Art. 43, weil er es auf die Volksbefragung nicht ankommen lassen will.

1. Kann er nach Art. 76 durch verfassungsänderndes Gesetz den Reichspräsidenten für abgesetzt erklären?
2. Wie kann sich der Reichspräsident gegen ein solches Vorgehen wehren?

Im Wege des Art. 48 Abs. 2 wird das Aktienrecht durch eine Novelle zum Handelsgesetzbuch reformiert. Ferner wird ein neues Strafgesetzbuch und eine neue Strafprozeßordnung nebst Einführungsgesetzen erlassen. Ist das zulässig?

Mehrere deutsche Länder stehen vor dem Staatsbankrott. Daraufhin wird durch Notverordnung des Reichspräsidenten die „Verreichlichung" ihrer gesamten inneren und ihrer Justizverwaltung angeordnet auf Kosten des Reichs. Ist die Verordnung gültig?

In welchem Sinne kann man den Diktaturartikel als unitarisch, in welchem als föderalistisch geartet ansprechen? Aus welchen Gründen kann man Art. 48 Abs. 4 als „*bayerisches Reservatrecht*" bezeichnen?

In einem Lande drohen kommunistische Unruhen. Die Landesregierung führt auf Grund von Art. 48, IV eine Vorzensur für Zeitungen, Flugschriften, Aufrufe, usw. ein. Der Reichstag verlangt ihre Aufhebung. Die Landesregierung verweigert sie und bestreitet, daß das Reich die ihm sonst gegen die Länder zustehenden Möglichkeiten habe; denn das Land habe als Reichsorgan gehandelt. Wie ist die Rechtslage? Was kann geschehen?

Könnte im gleichen Fall die Landesregierung, welcher der Landtag das Vertrauen entzogen hat, erklären, sie träte nicht zurück, solange ihre Tätigkeit als Reichsorgan nicht beendet sei, ja sie bestreite dem Landtag überhaupt das Recht, ihr in ihrer Funktion als Reichsorgan ein Mißtrauensvotum zu erteilen?

In einer kommunistischen Zeitung erscheinen Artikel, durch die nach Ansicht der staatlichen Behörden in einer den Frieden gefährdenden Weise zu Gewalttätigkeiten aufgefordert und angereizt wird. Zwei Tage später brechen im Ruhrgebiet schwere und blutige Unruhen aus. Nunmehr läßt der Polizeipräsident in E. auf Anweisung des Oberpräsidenten sämtliche in Druck oder Satz vorhandenen Teile der Zeitung beschlagnahmen und die Maschinen durch Entfernung wichtiger Teile verwendungsunfähig machen.

Der Verlag der Zeitung klagt auf Schadenersatz. Der Beklagte beruft sich einmal auf § 10 II 17 ALR., sodann auf Art. 48 Abs. 4 RV., schließlich auf das staatliche Notwehrrecht.

1. Gegen wen ist die Klage zu richten?
2. Worauf stützt sich der Anspruch des Klägers?
3. Greift die Verteidigung des Beklagten durch?

(Dazu RGZ. **117**, 138 = JW. **1927** III, 1991.)

Neuwahlen zum Reichstage sind ausgeschrieben. Kurz vor dem Wahltag wird die Neuwahl durch Verordnung des Reichspräsidenten nach Art. 48 Abs. 2 bis auf weiteres ausgesetzt. In einem die Verordnung begleitenden Aufruf wird dies damit begründet, daß bei der augenblicklichen politischen Hochspannung die Aufrechterhaltung von Ruhe und Ordnung am Wahltag nicht gewährleistet werden könne. Darum solle die Wahl bis auf ruhigere Zeiten verschoben werden. Ist die Verordnung gültig?

Gegen ein vom Landtag beschlossenes Gesetz legt der Staatsrat Einspruch ein. Das Gesetz scheitert, da der Landtag die erforderliche Zweidrittelmehrheit zur Zurückweisung des Einspruches nicht aufbringt. Volksentscheid erscheint aussichtslos. Um das Gesetz dennoch durchzubringen, schlägt der Landtag im Einverständnis mit der Regierung folgendes Verfahren ein: Er vertagt sich auf eine Woche. In der Zwischenzeit erläßt das Staatsministerium auf Grund von Art. 55 pr. Verf. das Gesetz als Notverordnung. Der Staatsrat und die Landtagsminderheit bezweifeln die Gültigkeit dieser Verordnung. Sie bitten um ein Gutachten darüber (bei dem zu unterstellen ist, daß die *materiellen* Voraussetzungen des Art. 55 pr. Verf. vorgelegen haben).

Die Grenzen, innerhalb derer der Staatsgerichtshof das *Ermessen* der Regierung hinsichtlich des Vorliegens der materiellen Voraussetzungen (Notstand, Sicherheitsstörung) von Diktatur- und Not-Vo.-Recht nachprüft, sind an Hand folgender Entscheidungen zu entwickeln:

Preuß. Steuer-Not-Vo. = L-S. Bd. I, Nr. AIII 2 (267) = RGZ. 112, 1* = JW. 1926, 1339.

Potsdamer Flaggenstreit = L-S. Bd. I, Nr. AIII 3 (276, 398) = RGZ. 121, 13* und 118, 22*

Erdöl-Not-Vo. = L-S. Bd. II, Nr. AIII 1 (51) = RGZ. 124, 19* = JW. 1929, 3404

GewerbeSt.-Not-Vo. = L-S. Bd. II, Nr. AIII2 (66) = RGZ. 125, 1* = JW. 1929, 3407.
Vgl. auch oben S. 14 Mitte bis Ende.

§ 12 der Oldenburger Verfassung vom 17. Juni 1919 lautet:

„Im Falle eines Aufstandes kann das Staatsministerium, wenn die übrigen Mittel nicht ausreichen, ihn zu unterdrücken, durch außerordentliche Mittel die gesetzliche Ordnung herstellen und die Freiheit der Person und des Eigentums schützen. Es darf zu diesem Zwecke in den bedrohten Orten oder Bezirken die Ausübung der in den §§ 7, 8, 9 und 11 gesicherten Rechte einstweilen hemmen und selbst das Standrecht anordnen, muß aber zuvor daselbst verkünden, daß und in welchem Umfange es geschehen soll. Diese Maßnahmen bedürfen indessen, wenn der Landtag versammelt ist, seiner Zustimmung, andernfalls sind sie in der nächsten Versammlung des Landtages zu rechtfertigen.

Wenn in Fällen äußerster Not und dringendster Eile die Verfügung des Staatsministeriums nicht abgewartet werden kann, so darf die oberste Landesbehörde des Landesteils unter eigener Verantwortlichkeit die in Abs. 1 genannten Maßregeln mit Ausnahme der Verkündung des Standrechts treffen. Die Bestimmung in Abs. 1 S. 3 findet entsprechende Anwendung.“

Die Grundrechte in §§ 7—9 der oldenburgischen Verf. betreffen die persönliche Freiheit, die Unverletzlichkeit der Wohnung und die Koalitionsfreiheit; § 11 regelt das Einschreiten der bewaffneten Macht gegen die Bevölkerung. — Ist der § 12 durch das Inkrafttreten der RV. ganz oder teilweise ungültig geworden? Beantworte die gleiche Frage für § 64 der bayerischen Verf.

Die x-Partei beabsichtigt, wie aus Kundgebungen in ihrer Presse unbezweifelbar hervorgeht, bei einem Parteitag starke Aktivität zu entfalten. Die Landesregierung teilt der Reichsregierung mit, die Polizeikräfte würden vielleicht nicht ausreichen, das Land und auch das Reich vor den entfesselten Kräften zu schützen. In Berlin ist man anderer Ansicht; Maßnahmen auf Grund von Art. 48 II RV. werden abgelehnt. Kann nunmehr die Landesregierung, wenn es tatsächlich zu Unruhen kommt, gestützt auf Art. 48 Abs. IV, das ihr notwendig dünkende veranlassen? In welchem Umfange könnte sie sich bei ernster Gefahr der Reichswehr bedienen?

Die Landesregierung hat — gestützt auf Art. 48 Abs. IV — eine Reihe von Bestimmungen der StPO. vorübergehend außer

Kraft gesetzt. Der Landtag beschließt ein Gesetz, durch das die Regierungsverordnung alsbald aufgehoben wird. Welcher Rechtszustand gilt? Würde ein preußischer Richter befugt sein, gestützt auf Art. 61 der preuß. Verf., das Gesetz ohne weiteres anzuwenden?

Sind folgende Diktaturmaßnahmen der *Landes*regierungen nach Art. 48 Abs. IV zulässig?

a) Verbot der Durchführung einer Neuwahl des Reichspräsidenten, weil es dabei zu erheblichen Unruhen kommen kann.

b) „Abbruch der Beziehungen" zum Reich; Zurückberufung der Vertreter des betreffenden Landes im Reichsrat.

c) Suspension eines soeben erlassenen Reichsgesetzes.

d) Der StGH. hat ein Landeswahlgesetz für ungültig erklärt; die Landesregierung ordnet an, daß der auf Grund dieses Gesetzes gewählte Landtag bis auf weiteres — bis zur Durchführung einer sofort vorzunehmenden Neuwahl — bis zum Ablauf der Wahlperiode nach drei Jahren als ordnungsgemäß gewählter Landtag anzusehen sei.

Welche staatsrechtlichen Lehren ergeben sich aus dem v. KAHR-LOSSOW-Konflikt zwischen Bayern und dem Reich?

## Staatshaushalt.

Welche *politische Bedeutung* wurde dem Budgetrecht vom Frühliberalismus beigelegt? Was bedeutet der Satz: „No taxation without representation"? Mit welchem Recht bezeichnet LORENZ V. STEIN das Budget als „den Hauptausdruck und Träger der verfassungsmäßigen *Freiheit* überhaupt"? Wie verhält sich das Budgetrecht des konstitutionellen Staates zum Steuerbewilligungsrecht der Stände?

Die Steueranforderung galt der naturrechtlich-liberalen Theorie als „*Eingriff in Eigentum und Freiheit*". Was folgt daraus staatsrechtlich? Wie ist die heutige Auffassung?

Was ergibt ein Vergleich der finanzrechtlichen Bestimmungen in der Paulskirchen-, BISMARCKschen und Weimarer Reichsverfassung?

Welche Bedeutung hatte die Gestaltung des *Finanzausgleichs* nach der BISMARCKschen Reichsverfassung für das „Ausgabenbewilligungsrecht" des Reichstages? Mit welchem Recht konnte BISMARCK das Reich als *„lästigen Kostgänger der Länder"* bezeichnen? Wie ist der Finanzausgleich in der RV. gestaltet; durch welche Gesetze wird er ergänzt?

Welche Grundsätze enthält die Weimarer Verfassung für die Gestaltung des Haushaltsrechts? Diese Grundsätze sind einer Ergänzung bedürftig; sie ist enthalten in der *Reichshaushaltsordnung* vom 31. Dezember 1922, die heute in der Fassung der Bekanntmachung vom 14. April 1930 gilt. Auf welche Gründe ist es zurückzuführen, daß im Kaiserreich eine Kodifikation des Haushaltsrechts nicht vorgenommen wurde, während die deutsche Republik diese Aufgabe schon in den ersten Jahren ihres Bestehens mit befriedigendem Erfolg lösen konnte?

Was ist in den *einzelnen Abschnitten der Reichshaushaltsordnung* geregelt? Der Werdegang, der Beschluß, die Durchführung, der Abschluß, die endgültige rechnungsmäßige und parlamentarische Erledigung eines Reichshaushaltsplanes sind nach der Reichshaushaltsordnung in Stichwortübersicht darzustellen.

Der Reichshaushaltsplan *gliedert* sich in: Gesamtplan und Einzelpläne — ordentlichen und außerordentlichen Haushaltsplan, ordentliche und außerordentliche Einnahmen — fortdauernde und einmalige Ausgaben — Kapitel und Titel. Welchen finanzrechtlichen, staatspolitischen und verwaltungstechnischen Zwecken dienen diese Einteilungen?

Nach welchem *äußeren Schema* wird der Reichshaushaltsplan aufgestellt? Welchen Zwecken dienen die senkrechten Spalten?

Die Reichshaushaltsordnung stellt (zum Teil in Anlehnung an die RV., zum Teil selbständig) eine Anzahl von *Grundsätzen* auf:

a) Grundsatz der *Vollständigkeit* des Haushaltes.
b) Aufstellung des Reichshaushalts nach dem *Brutto*prinzip.
c) Grundsatz der Haushalts*wahrheit*.
d) Grundsatz der *Einheit* des Haushalts (Einheit der Deckungsmittel — Grundsatz der Nichtaffektation — Einheit der Haushaltsgestaltung).
e) Grundsatz der *Spezialität* (Verbot des Virements, Zulassung von „gegenseitig deckungsfähigen" Mitteln).
f) Grundsatz der *zeitlichen* Geschlossenheit des Haushalts.
g) Grundsatz der *Sparsamkeit*.

Was besagen diese Grundsätze im einzelnen, in welcher Weise führt sie die Haushaltsordnung durch? An welchen Stellen erscheinen sie abgeschwächt oder durchbrochen?

Die Reichshaushaltsordnung räumt dem *Reichsfinanzminister* ein Übergewicht über seine Kollegen ein; an welchen Stellen und durch welche Mittel? Welche ausländische Staatspraxis hat als Vorbild gedient?

Läßt sich die Funktion des *Rechnungshofs für das Deutsche Reich* einer der drei bekannten Gewalten zuordnen?

Wodurch unterscheidet sich die Kontrolle durch den Rechnungshof von der sog. parlamentarischen Kontrolle des Haushalts? In welcher Richtung hat die Reichshaushaltsordnung den Geschäftskreis des Rechnungshofes erweitert (früher wurden die Funktionen des Rechnungshofes von der preußischen Oberrechnungskammer wahrgenommen). Welche Bedeutung hat es, daß das Amt des *Reichssparkommissars* mit dem des Präsidenten des Rechnungshofs in Personaleinheit verbunden ist?

In einem Haushaltsjahr hat die Einkommensteuer (wie aus den monatlichen Übersichten der Reichsfinanzverwaltung hervorgeht) bereits Ende Dezember den Betrag überschritten, mit dem sie im Reichshaushaltsplan in Ansatz gebracht worden war. A., aufgefordert, die am 10. Januar fällige Vorauszahlung zu leisten, weigert sich mit der Begründung, die Verwaltung habe kein Recht, diese Zahlung von ihm zu fordern, da ein Mehrbetrag an Einkommensteuer über den Haushaltsansatz hinaus nicht „bewilligt“ sei. Ist diese Begründung stichhaltig?

Ein deutsches Parlament beschließt in einem Haushaltsentwurf die Gehälter politisch mißliebiger Beamter (Minister, Ministerialdirektor, Universitätsprofessor, Regierungsrat bei einer Bauverwaltung) sowie auf tägliche — monatliche — Kündigung angestellter Hilfskräfte zu streichen. Welche Folgen hat dieses Vorgehen?

Der Reichstag hat in dem Entwurf eines Haushaltsplanes die erste Rate für den Bau eines Kriegsschiffes bewilligt. Ist die Regierung berechtigt, bei der Durchführung des Haushaltsplanes den Bau nicht zu beginnen (oder nach Beginn einzustellen), wenn sie dadurch außen- oder innenpolitische Verwicklungen zu vermeiden wünscht? Ist der Reichstag in der Lage, durch Reichsgesetz den Posten während des Laufes des Haushaltsjahres zu streichen? Welche zivilrechtlichen Verpflichtungen ergeben sich für das Reich aus den Verträgen, die zur Durchführung des Bauprogramms bereits eingegangen sind, wenn der Bau unterbleibt?

Was hat die Regierung zu tun, wenn:

a) der rechtzeitig vorgelegte Haushaltsplan bis zum Beginn des neuen Rechnungsjahres nicht verabschiedet ist?
b) der Haushaltsplan vom Parlament mit einer höheren Ausgabensumme verabschiedet wird, als die nach dem Deckungsbeschluß zur Verfügung stehenden Einnahmen ausmachen?
c) das Parlament sich weigert, einen von der Regierung vorgelegten Haushaltsplan überhaupt zu verabschieden?
d) im Laufe des Haushaltsjahres durch Zurückbleiben der Einnahmen hinter dem Haushaltssoll erhebliche Fehlbeträge entstehen?

Der Reichstag will den gesamten von der Reichsregierung vorgelegten Haushaltsplan verwerfen und an dessen Stelle einen in seinen Ausschüssen ausgearbeiteten, vollständig neuen Plan setzen. Darf dieser vom Reichstag beraten werden?

## Rechtspflege.

Deckt sich der mittelalterliche Begriff der iurisdictio mit dem modernen der Rechtspflege? Wie ist das Axiom der Unabhängigkeit und Gesetzesunterworfenheit der Richter geschichtlich entstanden?

Kurze Schilderung des Falles des Müllers ARNOLD. Was enthält das ALR. über Machtsprüche?

Was bedeutet es, wenn MONTESQUIEU behauptet, die richterliche Gewalt sei „en quelque façon nulle" [Esprit des lois (1748) XI 6]? Wie ist es staatstheoretisch zu begründen, daß die Rechtsprechung frei ist von parlamentarischer Kontrolle und Verantwortlichkeit? — In welchem Umfang nimmt das Reichsgericht das „richterliche Prüfungsrecht" für sich in Anspruch? Mit welcher Begründung? Zu welchen Konsequenzen würde die Bindung des Gesetzgebers an den Gleichheitssatz des Art. 109 in Verbindung mit der Lehre vom richterlichen Prüfungsrecht führen?

Wie ist Art. 102 organisatorisch durchgeführt? In welchem Umfang sind die Gerichte bei ihren Entscheidungen an die Akte anderer Behörden gebunden? Ist das Schema der Gewaltenteilung zwischen Gerichten und den übrigen Staatsorganen vollständig durchgeführt? Ist durch die Verfassung dem Parlament verboten, Gesetze zu erlassen, in denen ein anhängiger Prozeß (durch ein urteilsgleiches Einzelgesetz) entschieden wird? Dürfen parlamentarische Untersuchungsausschüsse in ein schwebendes gerichtliches Verfahren eingreifen? Auf welchem Umweg ist durch die Reichsverfassung die richterliche Nachprüfung von Verwaltungsakten gesichert?

Der preußische Landtag beschließt ein Gesetz, wonach in wichtigen Fällen der preußische Justizminister anhängige Prozesse den damit befaßten Kammern oder Senaten entziehen und anderen Kollegien desselben Gerichts überweisen kann. Der Preußische Richterbund als Vertretung der preußischen Richter klagt auf Ungültigkeit dieses Gesetzes wegen Verletzung von Art. 102 und 105 RV. vor dem Staatsgerichtshof. Das beklagte Land Preußen bestreitet die Zuständigkeit des Staatsgerichtshofs und die Parteifähigkeit des Richterbundes. Mit Recht? Wie ist in der Sache zu entscheiden?

Der preußische Justizminister erläßt zwei Rundverfügungen. In der einen weist er die Staatsanwälte an, bei allen politischen Ausschreitungen und Roheitsdelikten in Anbetracht der Verwilderung des politischen Kampfes stets und ohne Ausnahme die Höchststrafe zu beantragen. Die zweite wendet sich an die Richter: Sie werden ersucht, mit Rücksicht auf die bedrohte Staatsautorität bei den obigen Delikten möglichst strenge Strafen zu verhängen und grundsätzlich nicht von den Anträgen der Staatsanwaltschaft abzugehen. Trotz dieser Verfügungen beantragt ein Staatsanwalt in einem ihm unterfallenden Verfahren die gesetzliche Mindeststrafe. Der Amtsrichter spricht den Angeklagten frei. Kann der Justizminister auf dem Disziplinarwege gegen beide vorgehen?

Wo ist die Zuständigkeit der ordentlichen Gerichte festgelegt? Worin liegt die Kompetenz-Kompetenz der Justiz? Wie kann sich die Verwaltung dagegen wehren, daß sich die Gerichte in einer Sache für zuständig erklären, für die nach Ansicht der Verwaltung kein Rechtsweg (= Gerichtsweg!) eröffnet ist? Warum wird seitens der Justiz nie der *Kompetenzkonflikt* erhoben? Was versteht man darunter?

Würde der von HITLER beim Leipziger Reichswehrprozeß angekündigte Staatsgerichtshof für Revolutionsverbrecher nach Art. 105 zulässig sein? Was versteht man unter dem „gesetzlichen Richter"?

Liegt in Art. 107 eine reichsrechtliche Generalklausel? Schließt er eine justizstaatliche Regelung aus?

Der Satz: „*Akte des freien Ermessens können nicht Gegenstand verwaltungsgerichtlicher Nachprüfung sein*" ist als Leitsatz für Organisation und Ausgestaltung der Verwaltungsgerichtsbarkeit zu erläutern. Was bedeutet es in diesem Zusammenhange, wenn die Zuständigkeit der Verwaltungsgerichte durch eine *Generalklausel* umschrieben wird? Welche Funktion hat § 11 i. V. m. § 288 RAbgO.? Wie ist die Frage im preuß. Polizeirecht gelöst?

# Die Grundrechte.

## Grundfragen; Auslegung.

„Grundrechte" finden sich in zahlreichen Verfassungen der Neuzeit. Welche *Vorbilder* sind bekannt?

Wie läßt sich der *Zweck* von Grundrechten nach dem Standpunkte des *Naturrechts* der Aufklärungszeit und des *Frühliberalismus* umschreiben?

Wie ist es zu erklären, daß die BISMARCK*sche RV. kein Grundrecht* enthielt? Welche reichsgesetzlichen Bestimmungen aus der Zeit von 1867—1914 können als „Grundrechtsersatz" angesprochen werden?

Die „Grundrechte und Grundpflichten der Deutschen" (RV.) sind mit den „Grundrechten des Deutschen Volkes" der Paulskirchenverfassung und mit dem Abschnitt „Von den Rechten der Preußen" in der Pr.VU. von 1850 zu vergleichen. Welche Abweichungen zeigt der Vergleich hinsichtlich des Umfangs, des Ziels, der rechtlichen Bedeutung?

Zahlreiche Grundrechte stehen unter sog. „*Gesetzesvorbehalt*". Welche? Haben sämtliche Formeln, die für den Gesetzesvorbehalt verwendet sind, die gleiche Bedeutung? Einordnung der Grundrechtssätze in die Gruppen: Reichsverfassungskräftige Grundrechte; Grundrechte mit Diktaturvorbehalt; Reichsgesetzeskräftige Grundrechte; Gesetzeskräftige Grundrechte; Grundrechte mit unmittelbarer Rechtswirksamkeit ohne Vorbehalt; Grundrechte ohne unmittelbare Rechtswirksamkeit.

Wo wird der Ausdruck „*allgemeine Gesetze*" im zweiten Teil der RV. verwendet? Welches ist seine Bedeutung?

Was versteht man unter dem Begriff „*institutionelle Garantie*"? Welche Sätze des II. Teils der RV. lassen sich unter diesen Begriff bringen?

Der *Schutz der Grundrechte* ist an wichtigen Stellen den *ordentlichen Gerichten* übertragen. Mit welcher Formel und in welchen Artikeln ist dies geschehen? Was ist das Gemeinsame dieser durch die ordentlichen Gerichte geschützten Ansprüche? Welche rechtsgeschichtliche Auffassung liegt dem zugrunde? Welche Vorteile lassen sich für, welche Bedenken gegen diese Regelung anführen?

Man bezeichnet den Grundrechtsteil der RV. häufig geringschätzig als „*interfraktionelles Parteiprogramm*". Inwieweit ist dieser Ausdruck berechtigt? Bei Prüfung der in den wichtigsten Grundrechtssätzen verkörperten rechtspolitischen Werte lassen sich Gruppierungen nach „*politischen Ideenkreisen*" vornehmen; welche Grundrechte wären etwa dem liberalen, demokratischen, sozialistischen (nicht sozialen!), konservativen, katholisch-naturrechtlichen, kommunistischen Ideenkreis zuzuordnen?

Wo wird der Ausdruck „*natürliches Recht*" im zweiten Teil der RV. gebraucht und was bedeutet er?

Welche Wandlungen zeigt der *Liberalismus der Weimarer Grundrechte* gegenüber dem „klassischen" Liberalismus?

Läßt sich behaupten (wenn ja, für welche Teile), daß das Grundrechtssystem der Weimarer Verfassung die *Eigentümlichkeiten des deutschen Staates* zum Ausdruck bringt? (Vergleich mit grundlegenden Einrichtungen Frankreichs, Englands, der Vereinigten Staaten, Italiens, der U. d. S. S. R.)

Läßt sich behaupten, der Grundrechtsteil der RV. sei eine *Verkörperung der Grundsätze, auf denen die deutsche Rechtsordnung beruht*? Welche Grundsätze des bürgerlichen,

Straf-, Prozeß-, Handels-, Wirtschafts-, Sozial-, Arbeitsrechts sind in den Grundrechten zu finden? Welche fehlen? Man versuche die (schwierige) Aufgabe zu lösen, ein Grundrechtssystem als „Überbau der (geltenden!) deutschen Rechtsordnung“ aufzustellen und technisch zu formulieren.

Welche Grundrechtssätze tragen (außer Art. 109 I) der „Gleichheit“ aller Deutschen Rechnung?

Die Finanznot des Reiches erfordert drastische Sparmaßnahmen. Ein Reichsgesetz bestimmt: Diejenigen Erwerbslosen, deren Namen mit den Buchstaben A—D beginnen, scheiden aus der Erwerbslosenfürsorge aus. Ist dieses Gesetz gültig? Könnte die Anordnung durch verfassungsänderndes Gesetz, durch Diktaturverordnung (auf unbestimmte Zeit oder für die Dauer von 3 Monaten oder bis zum Beginn des nächsten Rechnungsjahres) getroffen werden?

Professor X., der Vertreter des Faches Gerichtliche Medizin an der Universität Y., ist auf Grund langjähriger Studien zu der Überzeugung gelangt, die Telepathie könne — vorsichtig angewandt — mit Erfolg bei der Aufklärung von Verbrechen nutzbar gemacht werden. Der zuständige preußische Minister verbietet dem X. durch schriftliche Verfügung, diese Anschauung in seiner akademischen Lehrtätigkeit zu vertreten. Mit Recht? Könnte durch preußisches oder durch einfaches Reichsgesetz ein solches Verbot generell ergehen? Könnte der preußische Minister für Wissenschaft, Kunst und Volksbildung (oder der preußische Justizminister) dem X. die Pflicht auferlegen, beim Vortrag seiner Lehre darauf hinzuweisen, daß die Telepathie nach den gegenwärtigen Auffassungen der zuständigen amtlichen Stellen kein geeignetes Mittel zur Verbrechensaufklärung ist?

Die Reichsregierung erstattet den Reichswehrsoldaten und -unteroffizieren sowie den Offizieren bis zum Oberleutnant einschließlich die durch Notverordnung gekürzten Gehaltsbeträge. Entsprechend verfährt Preußen bei den Landespolizeibeamten. Verstößt dies gegen die Verf.? Ist die Rechtslage verschieden für Preußen und das Reich?

Einzelne *Landesverfassungen* wiederholen in ihren Grundrechtsteilen wörtlich Bestimmungen der RV. Ist dies zulässig? Hat es rechtliche Bedeutung? (Die Frage ist an Hand der gesamten bayerischen Verfassung zu prüfen.)

## Liberale Freiheitsrechte.

Sind die in der *Magna charta* und der *Bill of rights* oder etwa die im *Edikt von Nantes* oder im *Augsburger Religionsfrieden* verbürgten Rechte *echte Grundrechte*?

An Hand der *Virginia* (bei Georg Jellinek, Erklärung der Menschen- und Bürgerrechte), der déclaration des droits de l'homme et du citoyen, der Charte von 1815, der belgischen Verfassung von 1831, der Grundrechte der Paulskirche von 1849, der preußischen Verfassung von 1851 und der Reichsverfassung von 1919 ist die Entwicklung der Freiheitsrechte zu zeigen (Tabelle!)

Gilt die aus dem „fundamentalen Verteilungsprinzip" zu entnehmende *Absolutheit der echten Grundrechte* auch nach der Weimarer Verfassung?

Die dem liberalen Ideenkreis zugehörigen Freiheitsrechte und Institutionen sind aus der Verfassung auszusondern und systematisch zu ordnen. Welche *Einteilungsmöglichkeiten* ergeben sich? Was versteht man unter „leerlaufenden", was unter „polizeifesten" Grundrechten? Gibt es ein „allgemeines Freiheitsrecht", von dem die einzelnen Freiheitsrechte nur Ausstrahlungen sind?

In welchem Umfang gelten die Freiheitsrechte im Rahmen *besonderer* Gewaltverhältnisse?

Nach der Ausbildungsordnung eines deutschen Landes werden die Referendare zwei Wochen lang der Gefängnisverwaltung überwiesen. Während dieser Zeit muß der Referendar in der Strafanstalt in einer Zelle II. Stufe wohnen und darf sie nur mit Genehmigung des Direktors verlassen. Um dem Referendar die seelische Wirkung der Freiheitsstrafe möglichst eindringlich zu machen, wird er während der ersten zwei Tage in einer Zelle eingesperrt und wie ein Gefangener behandelt. Sind diese Bestimmungen mit der Reichsverfassung vereinbar? Ist insbesondere zu der Einschließung die Zustimmung des Referendars erforderlich? Welchen Rechtscharakter hat eine Ausbildungsordnung?

Den Studierenden der juristischen Fakultät einer preußischen Hochschule wird bei Strafe der Relegation verboten, bei privaten Repetitoren Kurse zu hören. Ist dies Verbot rechtsgültig?

Ein Sachse wird innerhalb eines Jahres wegen Bettelns mehrfach bestraft. Gemäß § 3 Abs. 2 FreizG. wird er von der Polizei aus Preußen ausgewiesen. Er ficht die Verfügung an mit der Begründung, diese Vorschrift sei durch Art. 110 RV. außer Kraft gesetzt. Mit Recht?

Das Reich enteignet durch Gesetz privaten Waldbesitz entschädigungslos. Hat ein Waldeigentümer a) polnischer Volks- und Staatsangehörigkeit, b) polnischer Volks-, aber deutscher Staatsangehörigkeit materiell-rechtlich einen Anspruch auf Entschädigung? Wie wäre bejahendenfalls ein Anspruch geltend zu machen?

Das Theaterstück des Arztes C. „§ 218 — Frauen in Not“ tritt für die Abänderung des Abtreibungsparagraphen ein, indem es in tendenziöser Weise, aber unter Verwendung künstlerischer Mittel das durch die gegenwärtige Strafgesetzgebung über die Proletarier gebrachte Elend in krassen Farben schildert. Obwohl es bisher zu Unruhen anläßlich einer Aufführung nicht gekommen ist, verbietet der Polizeipräsident zu X. weitere Aufführungen, weil die öffentliche Ordnung gefährdet und das sittliche Empfinden weiter Volkskreise verletzt sei. Der Direktor der Wanderbühne, welche das Stück in X. aufführte, muß sein auf sechs weitere Abende vorgesehenes Gastspiel abbrechen, ohne seine Truppe anderweit beschäftigen zu können. Er will Schadenersatz verlangen. Wie muß er vorgehen? Wird er Erfolg haben?

Einem Angehörigen der NSDAP. wurde durch polizeiliche Verfügung das Tragen der Hitleruniform verboten mit der Begründung, die NSDAP. sei eine revolutionäre Partei; das uniformierte Auftreten sei eine bewußte Demonstration gegen Verfassung und Bürgerfrieden und müsse bei der heutigen gespannten politischen Lage als Zündstoff wirken. Man müsse damit rechnen, daß das Uniformtragen als Provokation Andersdenkender wirke und Abwehrmaßnahmen der verfassungstreuen Staatsbürger zur Folge haben werde.

Wie wird das OVG. entscheiden?

Ein mit einfacher Mehrheit beschlossenes Reichsgesetz verbietet den Druck von Schriften, die sich für die Richtigkeit der materialistischen Geschichtsauffassung aussprechen. Ist das Gesetz verbindlich? Wie wäre zu entscheiden, wenn die Formen des Art. 76 gewahrt wären?

Auf einem Friedhof im Norden Berlins befindet sich eine Grabtafel mit der Aufschrift: „Hier liegen sechs Arbeiter, erschossen von der Reichswehr." Die Polizei verlangt Entfernung des Steines. Mit Recht? Wie würde die Entscheidung lauten, wenn statt erschossen „ermordet" stünde?

In einem deutschen Lande ist der Bußtag staatlich anerkannter Feiertag. Durch Ministerialerlaß wird angeordnet, daß an den Mittelschulen an diesem Tage der Unterricht nicht ausfällt. Ist dieser Erlaß mit der Reichsverfassung vereinbar? Wie können etwaige Mängel geltend gemacht werden? Bei der Bearbeitung ist davon auszugehen, daß Bedenken aus dem Landesrecht nicht bestehen.

Unter welchen Voraussetzungen und in welchem Umfang kann die Polizei die unentgeltliche Einräumung von Dienstplätzen bei öffentlichen Theatervorstellungen verlangen?

Vgl. dazu OVG. **76**, 435ff.

## Enteignung und Eigentumsbeschränkung.

Wer entscheidet nach Art. 153 RV. über die oft strittige Frage, ob ein Eingriff der Staatsgewalt in Vermögensrechte und Vermögensinteressen als Enteignung oder als Eigentumsbeschränkung anzusehen ist?

Die Entwicklung des sog. *„reichsverfassungsrechtlichen Enteignungsbegriffs"* ist an Hand folgender grundlegender Entscheidungen des RG. darzustellen:

a) Revolutionsenteignungen: RGZ. 102, 246 (Sachsen-Weimar-Eisenach), RGZ. 103, 200 (Lippe), RGZ. 111, 123 (Gotha). Aus welchen Gründen wurde der zum Volksentscheid gebrachte Gesetzentwurf über die Fürstenenteignung als verfassungsändernd angesehen?
b) Wohnungsmangeleingriffe: RGZ. 102, 161 (Bremer Zwangsmiete-Vo.).
c) Staatliche Vorkaufsrechte: RGZ. 112, 67 (Thür. Landesgesetz) (vgl. auch RGZ. 107, 261).
d) Preußisches Schullastenurteil (JurW. 1926, 1444[3]) (Vgl. auch RGZ. 129, 246).
e) Anhaltische Kohlenrente: RGZ. 109, 310; vgl. auch das Urteil des StGH. über die preuß. Steinkohlennot-Vo. RGZ. 124, 19*.

f) Devisenablieferungs-Vo.: RGZ. 110, 344 (vgl. aber die übrigen Urteile aus der Stabilisierungszeit: RGZ. 107, 370; 113, 6; 129, 190).

g) Baubeschränkungen als Enteignung: RGZ. 116, 268 (Hamburger Denkmalschutzurteil); RGZ. 128, 18 Bethcke-Urteil); RGZ. 132, 69 (Meckl. Umbau-Urteil).

Zum Vergleich sind folgende Urteile heranzuziehen: RGZ. 108, 252 (Versagung der Erlaubnis zum Abreißen eines Gebäudes); 114, 27 (Tausendmarkscheinurteil); 126, 93 (Kleinbahn Westerland); 129, 146 (Geschlechtskrankengesetz).

Der Landtag eines kleinen deutschen Landes beschließt ein Gesetz, laut dessen alle Eigentümer von Parkanlagen mit einer Grundfläche von mehr als 50 Morgen verpflichtet sind, diese zu bestimmten Tageszeiten dem Publikum unentgeltlich offen zu halten. X., der als einziger Grundeigentümer unter das Gesetz fällt, wünscht zu wissen, ob und auf welche Weise er sich gegen dieses Gesetz wehren oder zum mindesten Ersatz für Kosten und eventuellen Schaden erlangen könne.

Im preußischen Landtag wird ein Gesetz eingebracht, laut dessen die Gemeinden und Gemeindeverbände verpflichtet sind, die Verwaltung und Bewirtschaftung der in ihrem Eigentum stehenden Wälder auf Anfordern den staatlichen Forstbehörden zu übertragen; die von den Förstereien gezogenen Nutzungen sollen (nach Abzug eines angemessenen Pauschsatzes für Verwaltungsunkosten) ungeschmälert den Eigentümern zufließen. Wäre ein solches Gesetz gültig?

Das preußische Ministerium für Wissenschaft, Kunst und Volksbildung erläßt zusammen mit dem Landwirtschaftsministerium auf Grund von § 30 des Feld- und Forstpolizeigesetzes im Wortlaut der Bekanntmachung vom 21. Januar 1926 (GS. S. 83) eine Verordnung, in welcher das Gebiet X zum Naturschutzgebiet erklärt und den Grundeigentümern jede auf Gewinnung von Bodenbestandteilen gerichtete Tätigkeit untersagt wird mit dem Hinzufügen, daß der Regierungspräsident in Y in „besonderen Fällen“ ausnahmsweise die Gewinnung solcher Bestandteile gestatten dürfe.

A., der Eigentümer des Grundstücks a, und B., der Pächter des Grundstücks b, fühlen sich durch diese Verordnung beschwert, da sie Steinbrüche in diesem Gelände betreiben. Sie bitten um Auskunft, ob die Verordnung für gültig zu halten sei und ob sie wenigstens Schadensersatz für die ihnen entzogenen Nutzungen vom Staat verlangen können.

Durch Notverordnung auf Grund von Art. 48 Abs. 2 wird allen gewerblichen Unternehmern, die mehr als 20 Arbeiter und Angestellte beschäftigen, unter Aufhebung des gesetzlichen und vertraglichen Kündigungsrechts verboten, vor Ablauf von 6 Monaten jemanden zu entlassen. In einem Aufruf begründet die Reichsregierung diese Maßnahme damit, daß sie anders dem weiteren Anwachsen der Arbeitslosigkeit nicht zu steuern vermöge. Der Reichsverband der Deutschen Industrie bittet um ein Gutachten, ob die Notverordnung mit der Verfassung vereinbar sei. Bejahendenfalls ist zu prüfen, ob die betroffenen Unternehmer irgendwelche Schadenersatzansprüche geltend machen können.

# Sammlung von Rechtsfällen zum Gebrauch bei Übungen

**Rechtsfälle aus dem Arbeitsrecht.** Mit einer kurzen Anleitung zur Bearbeitung arbeitsrechtlicher Fälle. Von Dr. **Walter Kaskel** †, Professor an der Universität Berlin. Zweite, veränderte Auflage. VIII, 58 Seiten. 1926. RM 2.40

**Rechtsfälle aus dem Steuerrecht.** Von Dr. **Albert Hensel**, Professor an der Universität Bonn. VIII, 73 Seiten. 1924. RM 2.40

**Rechtsfälle aus dem Strafrecht.** Mit einer kurzen Anleitung zur Bearbeitung von Strafrechtsfällen. Von Dr. **James Goldschmidt**, ord. Professor an der Universität Berlin. Dritte, vermehrte und verbesserte Auflage. VI, 106 Seiten. 1930. RM 4.50

**Rechtsfälle aus der sozialen Versicherung.** (Arbeiter- und Angestelltenversicherung.) Mit einer kurzen Anleitung zur Bearbeitung versicherungsrechtlicher Fälle. Von Dr. **Paul Brunn**, Landesrat, stellv. Vorsitzender der L.V.A. Berlin, und Dr. **Walter Kaskel** †, Professor an der Universität Berlin. Zweite, vermehrte Auflage. VIII, 77 Seiten. 1927. RM 3.60

**Rechtsfälle aus dem Völkerrecht.** Mit einer kurzen Anleitung zur Bearbeitung völkerrechtlicher Fälle und drei Probefällen. Von Dr. **Karl Strupp**, Professor an der Universität Frankfurt a. M. IV, 77 Seiten. 1927. RM 3.60

**Rechtsfälle aus dem Strafprozeßrecht.** Mit einer kurzen Anleitung zur Bearbeitung strafprozessualer Fälle und dem Entwurf eines Strafurteils. Von Landgerichtsrat Dr. **H. Mannheim**, Professor an der Universität Berlin. III, 73 Seiten. 1930. RM 3.60

---

**Rechtsstudium und Preußische Referendarprüfung.** Eine Anleitung für Rechtsbeflissene und Prüfungskandidaten. Von Dr. **Albert David**, Vizepräsident des Kammergerichts und Vorsitzender des Juristischen Prüfungsamtes beim Kammergericht. IV, 41 Seiten. 1928. RM 2.40

---

**Die juristische Große Staatsprüfung in Preußen.** Von Geh. Justizrat Dr. **Paul Sattelmacher**, Vizepräsident des Juristischen Landesprüfungsamts. VI, 123 Seiten. 1931. RM 4.80

GPSR Compliance

*The European Union's (EU) General Product Safety Regulation (GPSR) is a set of rules that requires consumer products to be safe and our obligations to ensure this.*

*If you have any concerns about our products, you can contact us on ProductSafety@springernature.com*

In case Publisher is established outside the EU, the EU authorized representative is:

Springer Nature Customer Service Center GmbH
Europaplatz 3
69115 Heidelberg, Germany

**Batch number: 10844623**

Printed by Printforce, the Netherlands